AF317382

L'ART DU FEU

OU

DE PEINDRE

EN EMAIL.

Dans lequel on découvre les plus beaux Secrets de cette Science.

AVEC

Des Instructions pour peindre, & apprêter les couleurs de Mignature dans leur perfection.

Par le Sieur JACQUES-PHILIPPES FERRAND, *Peintre ordinaire du Roy, en son Académie Royale de Peinture & Sculpture.*

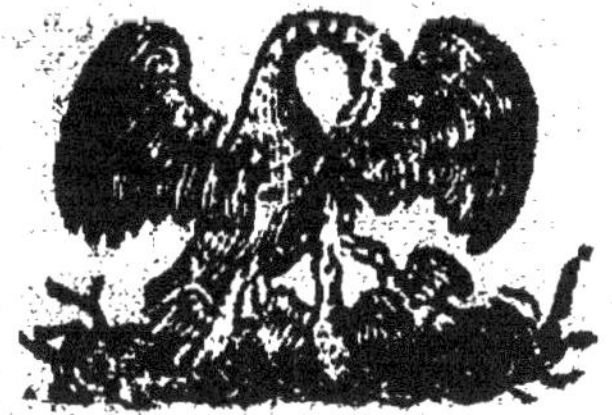

A PARIS,

De l'Imprimerie de J. COLLOMBAT Imprimeur ordinaire du Roy & de l'Académie Royale de Peinture & Sculpture, ruë S. Jacques, au Pelican.

M DCC XXI;

AVEC APPROB. ET PRIVILEGE DU ROY.

A

SON ALTESSE ROYALE

MONSEIGNEUR

LE DUC D'ORLEANS

REGENT DU ROYAUME.

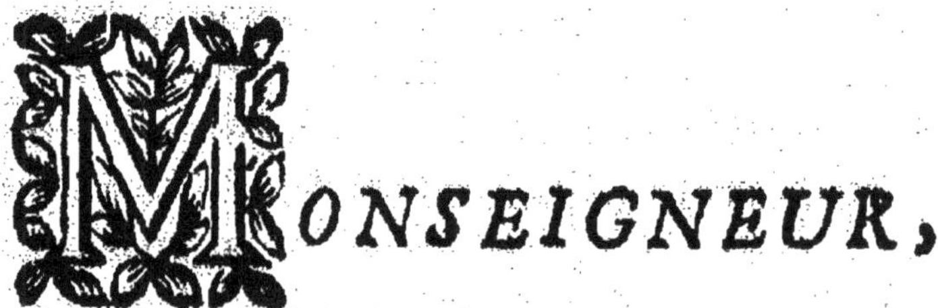

MONSEIGNEUR,

Comme vous protégez hautement les Sciences, & tout ce qui peut contribuer à leur perfection ; j'ay

ã ij

EPITRE.

crû devoir preſenter à *VOTRE ALTESSE ROYALE* ce petit Ouvrage , dont perſonne ne peut juger mieux que Vous ; c'eſt l'Art du Feu ou de la Peinture en Email, & le fruit de mes travaux pendant plus de quarante ans , que je prend la liberté de mettre ſous votre Auguſte protection.

Je vous ſupplie, *MONSEIGNEUR*, de vouloir bien me l'accorder , ſi *V. A. R.* juge qu'il en ſoit digne : je ne ſçay ſi je puis me flatter qu'elle voudra bien ſe ſouvenir que celuy qui luy demande tres-humblement cette grace , a eu le premier l'avantage de luy donner quelques teintures du Deſſein & de la Peinture par ordre de Feu Monſieur.

Je n'avois pas alors encore tra-

EPITRE.

vaillé aux Emaux, quoyque je fusse tres-familier avec Monsieur Petitot, le plus célébre & le plus excellent homme qui ait jamais été en ce genre d'Ouvrage; mais les honneurs qu'on luy faisoit à la Cour, animerent tellement mon courage, qu'ils me firent entreprendre de surmonter à quelque prix que ce fut, toutes les difficultez que je prévoyois trouver dans l'étude de cette Science: mes soins y ont été si grands, MONSEIGNEUR, que je puis assurer V. A. R. de n'avoir pas perdu un moment, y ayant toujours été occupé pour la plus grande partie des Princes de l'Europe, & autres personnes de distinction qui m'ont fait l'honneur de les agréer, tant dans mes voyages qu'à Paris: je conteray pour rien toutes

EPITRE.

mes peines, & je m'estimeray trop récompensé, MONSEIGNEUR, si V. A. R. daigne agréer mon Ouvrage, & le profond respect avec lequel je suis,

MONSEIGNEUR,

DE VOTRE ALTESSE ROYALE,

Le tres-humble & tres-obéissant Serviteur,

J. P. FERRAND.

PREFACE.

CE Volume est petit, mais quiconque sera assez heureux de comprendre & de réduire en pratique ce qu'il contient, doit espérer d'y acquerir beaucoup de gloire; pour moy qui vous le donne, j'avouë avoir acquis ces belles connoissances par mes grands travaux, y ayant employé la plus précieuse partie de ma jeunesse, avant que d'en avoir reçu autre rétribution que l'honneur des applaudissemens de plusieurs personnes de distinction qui m'encourageoient à persévérer, & qui connoissoient que je n'é-

tois aucunement aidé à l'entreprise des découvertes que je
faisois dans ce bel Art : je vous
prie, Lecteur, d'être persuadé
que ce n'est pas l'ambition d'é-
crire qui m'engage à vous le
donner; mais que mon unique
intention est de porter quelques esprits plus pénétrans que
le mien à prendre les soins de
le perfectionner.

J'espere que quand vous l'aurez examiné, vous conviendrez
que j'ay entrepris un tres-beau
sujet, puisque sans contredit,
il y a peu de chose concernant
les Arts, qui soit plus précieux.

On connoît assez qu'il n'y a
eu qu'un tres-petit nombre de
personnes qui ayent réüssi dans
la Peinture en Email, pour la

mettre en sa perfection ; mais aussi quelle gloire n'ont pas eu ces favoris de Minerve, puisque tout le monde sçait que les plus grands Monarques en ont regretté la perte.

Ces illustres & habilles hommes n'en ont rien écrit, soit qu'ils ne se sentissent pas assez de suffisance dans l'Art d'écrire, pour s'en exprimer, ou qu'il y eut quelque Successeur de leur science dans leur famille, auquel ils ne vouloient pas faire tort, ou bien qu'ils n'eussent que des couleurs qu'ils ne sçavoient pas faire, excepté quelques-unes, comme je l'ay sçû d'eux-mêmes, & du Sr Trocus, sçavant Chimiste de leur tems, lequel m'a dit plusieurs fois

PREFACE.

leurs en avoir fait, & que luy-même les ayant voulu recommencer pour en faire de pareilles, n'avoit jamais pû y parvenir.

Je n'ay donc icy d'autre intention que d'ouvrir le chemin aux nobles & vertueux courage ; je puis les assurer qu'ils ne trouveront pas la pratique de ce beau talent, si difficile qu'ils le pourroient croire, puisque je léve les plus grands obstacles par les préceptes & la pratique que je leur en donne : pourvû qu'ils soient bons Dessinateurs & Peintres.

Approbation de l'Académie Royale de Peinture & de Sculpture.

Du Vendredy 30 May 1721.

MOnsieur Ferrand Peintre ordinaire du Roy & Academicien, a representé que depuis le temps qu'il avoit l'honneur d'être de l'Academie, il s'étoit attaché à la recherche de tout ce qui pouvoit contribuer à la perfection de la Peinture en Email & en Mignature, dont il avoit composé un Traité, & qu'il avoit eu l'honneur de communiquer en particulier à plusieurs Officiers de l'Academie, & fait lecture à l'Assemblée ; l'Académie après l'avoir entendu, a jugé que cet Ouvrage seroit d'une tres-grande utilité pour ceux qui voudront se perfectionner dans cet Art, dont Monsieur Ferrand donne tous les principes & toutes les instructions nécessaires, tant pour la Mignature que pour tirer des Teintures des Métaux, pour la composition des couleurs en Email, ce qu'il décrit avec beaucoup de précision & d'érudition, c'est le témoignage que rend l'Academie, en approuvant cet Ouvrage, & en le jugeant tres-digne d'être imprimé par l'Imprimeur de l'Academie, suivant & conformement au Privilege que Sa Majesté a bien voulu accorder à ladite Academie.

Fait & Extrait des Registres de l'Academie, par moy Secretaire de ladite Academie, ce trente May mil sept cent vingt-un, Signé, TAVERNIER.

ARREST DU CONSEIL
d'Etat du Roy.

Du 28. Juin 1714.

Portant Privilége à l'Académie Royale de Peinture & de Sculpture, & aux Academiciens, de faire imprimer & graver leurs Ouvrages ; avec défenses à tous Imprimeurs, Graveurs ou autres personnes, excepté celuy qui aura été choisi par ladite Académie, d'imprimer, graver ou contrefaire, ni vendre des Exemplaires contrefaits, à peine de trois mil livres d'amende, confiscation de tous les Exemplaires contrefaits, Presses, caractères, Planches gravées, & autres ustensiles qui auront servi à les imprimer, &c.

Extrait des Regiſtres du Conſeil d'Etat.

SUR ce qui a été repreſenté au Roy, étant en ſon Conſeil, par ſon Académie Royale de Peinture & Sculpture, que depuis qu'il a plû à Sa Majeſté donner à ladite Académie des marques de ſon affection, Elle s'eſt appliquée avec ſoin à cultiver de plus en plus les beaux Arts, qui ont toujours fait l'objet de ſes exercices ; & comme la fin que Sa Majeſté s'eſt propoſée dans l'établiſſement de ladite Académie, compoſée des plus habiles du Royaume, a été non-ſeulement que la jeuneſſe profitât des inſtructions qui ſe donnent journellement dans l'Ecole du Modéle, des leçons de Géometrie, Perſpectives & Anatomies, à la vûe des Ouvrages qui y ſont propoſez pour ſervir d'exemples ; mais encore que le Public fût informé du progrès qu'y font les Arts du Deſſein, de la Peinture & Sculpture, en lui faiſant part des Diſcours, Conferences

&

& Defcriptions qui pourroient le lui faire connoître, principalement en multipliant par la gravûre
& impreffion les beaux Ouvrages de ladite Académie Royale, afin de les conferver à la pofterité,
unique moyen de perfectionner les Arts, & d'ex-
citer de plus en plus l'émulation. A CES CAUSES,
Sa Majefté défirant donner à fadite Academie, &
à tous ceux qui la compofent, toutes les facilitez
& les moyens qui peuvent contribuer à rendre
leurs travaux utiles au Public. LE ROY ESTANT
EN SON CONSEIL, a permis & accordé à ladite
Académie, de faire imprimer & graver les Defcriptions, Memoires, Conférences, Explications,
Recherches & Obfervations qui ont été & pourront
être faites dans les Affemblées de l'Académie Royale
de Peinture & Sculpture; comme auffi les Ouvrages de gravûre en taille-douce ou autrement, &
generalement tout ce que ladite Académie voudra
faire paroître fous fon nom, foit en Eftampes ou
en Impreffions, lorfqu'après avoir examiné & ap-
prouvé lefdits Ouvrages de chacun des particuliers
qui la compofent, Elle les aura jugez dignes d'être
mis au jour, fuivant & conformement aux Statuts
& Reglemens de ladite Académie; faifant Sa Majefté tres-expreffes inhibitions & défenfes à tous
Imprimeurs, Libraires, Graveurs & autres perfonnes de quelque qualité & condition qu'elles foient,
excepté celui qui aura été choifi par ladite Académie, d'imprimer ou faire imprimer, graver ou
contrefaire aucuns Memoires, Defcriptions, Conferences & autres Ouvrages gravez ou imprimez
concernant ou émanez de la fufdite Académie, ni
d'en vendre des Exemplaires contrefaits en nulle
maniere que ce foit, ni fous quelques prétextes
que ce puiffe être, fans la permiffion expreffe &
par écrit de ladite Académie, à peine contre cha-

ē

eun des contrevenans de trois mil livres d'amende, confiscation, tant de tous les Exemplaires contrefaits, que des Presses, Caracteres, Planches gravées, & autres utensiles qui auront servi à les imprimer & contrefaire, & de tous dépens, dommages & interests. Veut Sa Majesté que le present Arrest soit executé dans son entier; & en cas de contravention, Sa Majesté s'en reserve la connoissance & à son Conseil, & icelle interdit à tous autres Juges. Fait au Conseil d'Etat du Roy, Sa Majesté y étant: tenu à Marly le vingt-huit Juin mil sept cent quatorze. *Signé*, PHELYPEAUX.

LOUIS par la grace de Dieu Roy de France & de Navarre. Au premier notre Huissier ou Sergent sur ce requis, Nous te mandons & commandons par ces Presentes signées de notre main, que l'Arret dont l'extrait est ci-attaché sous le contre-scel de notre Chancellerie, ce jourd'hui donné en notre Conseil d'Etat, Nous y étant, tu signifies à tous qu'il appartiendra, à ce qu'ils n'en ignorent, & fasses pour son entiere execution tous actes & Exploits necessaires, sans demander autre permission : Car tel est notre plaisir. Donné à Marly le vingt-huitiéme Juin l'an de grace mil sept cent quatorze, & de notre regne le soixante-douziéme. *Signé*, LOUIS. *Et plus bas*: Par le Roy, PHELYPEAUX.

L'AN mil sept cent quatorze, l'onziéme jour de Septembre, à la Requête de l'Académie Royale de Peinture & Sculpture, établie par Sa Majesté dans son Louvre à Paris; J'ai Pierre Colin Huissier Audiencier aux Requêtes du Palais, demeurant ruë de la Juiverie, Paroisse S. Germain le Viel, soussigné, signifié & laissé copie imprimée

du preſent Arreſt du Conſeil d'Etat du Roy, &
Commiſſion ſur icelui obtenuë aux fins y contenuës,
au Sieur Charles Robuſtel Syndic de la Communauté des Imprimeurs & Libraires de Paris, en
leur Bureau & Chambre Syndicale rüe des Mathu-
rins, en parlant à ſa perſonne, & ce tant pour
lui que pour les autres Imprimeurs & Libraires, à
ce qu'ils n'en ignorent, ait à y ſatisfaire, & faire
ſçavoir à ſa Communauté ; lequel Sieur Robuſtel
parlant que deſſus, a fait réponſe tant en ſon nom
qu'en celui de ſes Adjoints & de ſa Communauté, qu'il accepte la preſente ſignification, & qu'il
n'empêche que le preſent Arreſt portant privilege
accordé par Sa Majeſté à ſadite Academie Royale
de Peinture & Sculpture, n'ait ſon entiere execution ; en ſe conformant par ceux qui feront graver
& imprimer quelques Ouvrages ou Eſtampes en
execution dudit Arreſt, aux Reglemens rendus au
ſujet de l'Imprimerie & de la Librairie, & notam-
ment à l'Arreſt du Conſeil du 17. Octobre 1704.
qui ordonne, que de tous les Livres, feüilles, Eſtampes & gravûres, il en ſera fourni, avant de
les expoſer en vente, huit exemplaires en la Chambre Syndicale de la Communauté ; & a ſigné,
ROBUSTEL, Syndic.

Contre laquelle réponſe j'ay, pour ladite Académie, réiteré les defenſes portées au ſuſdit Arreſt,
& proteſté de tout ce qu'il y a à proteſter, & laiſſé
copie, tant du ſuſdit Arreſt & Commiſſion ſur icelui que du preſent. Signé, COLIN, avec paraphe.
Contrôlé à Paris le 13 Septembre 1714. R. 45. ſ.
folio 72. Signé, PONTAINT, avec paraphe.

En vertu du Privilege ci-deſſus, l'Academie aſ-
ſemblée, a choiſi le Sieur Collombat Imprimeur
ordinaire du Roy.

INSTRUCT.

INSTRUCTIONS

ET PRÉCEPTES

DE LA

MIGNATURE,

Lesquels doivent servir de régles pour peindre en Email.

LA maniere de préparer les couleurs pour la Mignature, est trés-différente de celle de l'Email; mais elles ont assez de rapport pour leur emploi au pinceau: je diray icy ce que je puis sçavoir des préparations des couleurs pour la Mignature, & même de ses principes.

On doit être persuadé, que sans

les matieres & leurs préparations ; il est trés-difficile d'y pouvoir travailler & réüssir ; mais comme je croy qu'il y a peu de personnes qui les sçachent préparer, comme je prétends de vous les faire apprêter, je vous en donne icy la maniere.

Premierement, il faut sçavoir que l'on achete chez les Marchands les couleurs par morceaux solides, comme la terre d'ombre & les ocres, &c. & d'autres en poudres, ainsi que je vais vous les donner par ordre.

Noms des couleurs en morceaux.

LE blanc de Plomb.
Le blanc de Seruze.
L'Ocre jaune.
L'Ocre de Rut.
La terre d'Ombre.
Le brun d'Espagne.
La Lasque.
La terre de Cologne.
L'Inde, &
Le noir d'Ivoire.

Les couleurs en poudres font,

LE noir de Fumée.

La mine de Plomb rouge.

Les Maſſicots jaunes & paſles.

Le verd de terre.

Le verd de mer.

L'Outremer.

La cendre bleuë & la verte.

Les Orpins, le jaune & le rouge.

Le Carmin, &

Les beaux Rouges bruns que les Anglois appellent *Ornotto.*

Il y a encore une couleur nommée *Pinck.*

Les couleurs qui ſont en poudres, ne veulent être broyées que dans le mortier d'Agate, autrement cela les gâte ; mais elles ſe préparent par de l'eau, comme je le diray ci-aprés.

Les autres qui ont un corps plus ferme & ſolide, demandent un plus rude maniement, & ſuivant leurs différentes natures, elles occuperont plus ou moins l'induſtrie de l'Artiſte & l'adreſſe de ſa main.

Parce que le blanc eſt le plus difficile à préparer, & que c'eſt la couleur plus néceſſaire; ce ſera elle qui vous montrera la maniere d'accommoder preſque toutes les autres.

Préparation du blanc de Plomb.

TOus les Marchands Droguiſtes connoiſſent cette couleur ; choiſiſſez les plus belles écailles, les plus grandes, les plus nettes & les plus blanches; rompez-les par le milieu, & quand vous y trouverez des veines griſes, bleuës ou ſalles, il faut les rebuter, & ne prendre que le plus pur; enſuite il faut ôter proprement avec la pointe d'un coûteau le deſſus & le deſſous des écailles qui ſe trouveront ſalles.

Ce blanc étant en cet état il faut le broyer peu à peu dans de l'eau nette, & en le broyant, ne pas tant prendre garde à le rendre ſi fin, que d'avoir le ſoin d'éviter que la pouſſiere ou autres inconvéniens ne le gâtent; & même le trop broyer, le rend luisant au travail, & nous le rend inutile.

Etant broyé, ayez deux gros morceaux de craye blanche très-séche, tous prêts, & dans lesquels vous aurez creusez des grands trous suffisans pour contenir toute cette couleur moüillée, comme elle est en sortant de dessus la pierre à broyer ; emplissez-les de votre blanc, & les exposez au Soleil, lequel tirera l'humidité, & la craye retiendra tout ce qui y est de gras ; tirez-le de ladite craye, & prenez soigneusement garde qu'il ne s'y en mêle, & que votre blanc soit bien sec ; puis vous le laverez de la maniere suivante.

Il faut avoir de l'eau nette filtrée par le papier gris, laquelle vous mettrez dans un bassin de fayance avec vôtre blanc que vous y laverez & délayerez long-tems ; aprés, laissez-le reposer & précipiter au fond du bassin, vous trouverez l'eau pleine de crasses & de saletez, laissez-la reposer tant que la couleur la plus

legere puiſſe aller au fond, car autrement vous jetteriez ce que vous
en cherchez; verſez cette eau doucement par inclination, & en remettez d'autre comme devant; re-
lavez la couleur, puis réïterez cette
manœuvre, juſqu'à ce que l'eau ne
ſe charge plus d'impuretez.

Alors empliſſez le baſſin d'eau,
& ayez deux autres baſſins auſſi de
fayance prés l'un de l'autre, remuez
fort la couleur, & la laiſſez repoſer
un moment; jettez-en une partie
dans le premier de ces deux baſſins,
ce ſera ce que vous devez appeller
le deſſus; vous verſerez l'autre partie qui ſuit dans le ſecond baſſin,
c'eſt ce que vous appellerez le milieu; & ce qui reſte dans le baſſin,
où vous avez lavé les deux, ne peut
ſervir qu'à rebroyer.

A l'égard des eaux qui ſont dans
vos deux baſſins, laiſſez les repoſer
juſqu'à ce que la couleur ſoit tom-
bée au fond; verſez l'eau doucement par inclination, & laiſſez ſé-

cher au Soleil ce qui fera resté au fond, car il attirera toute l'impureté & le gras qui pourroient y être restez.

Etant bien secs, amassez la couleur avec la panne d'une plume blanche; cette couleur fera écartée par petites veines fort déliées, remarquez ces veines, & les ramassez pour les mettre à part, comme étant votre blanc le plus fin; serrez ces différens blancs dans des papiers remarquables, pour en connoître la différence, quand vous voudrez les employer à l'usage de votre Mignature.

Vous devez remarquer que dans cette seule préparation, je vous donne la maniere de laver toutes les autres couleurs.

Souvenez-vous aussi bien positivement, qu'il n'est pas nécessaire de rendre le blanc extrêmement fin, parce que outre qu'il devient luisant au travail, il perd encore sa beauté à force d'être trop tourmenté, comme je vous l'ay déja dit.

Pour ce qui eſt des couleurs en poudre, il ne les faut pas broyer du tout, mais ſeulement les laver avec les mêmes intelligences que le blanc; à l'égard des couleurs cendreuſes, on ne peut ſe ſervir que du vray deſſus, ſi ce n'eſt que l'on veuille conſerver le milieu pour faire des fonds, des draperies & du païſage, de même que le milieu du blanc ſert à imprimer les cartons, plutôt que pour faire des chairs; ainſi par ce moyen on peut mettre toutes ſortes de couleurs dans leur perfection, j'entends ſeulement celles de la Mignature.

Comment on doit détremper les couleurs, & les mettre dans les coquilles.

ON a des coquilles d'ivoire ou de mer, de la gomme Arabique trés claire & réduite en poudre, du Sucre candy auſſi réduit en poudre, & de l'eau de Romarin ou d'autre eau diſtillée, une pierre de

Porphire & sa petite molette, laquelle pierre ne doit servir que pour
broyer les couleurs, lorsqu'on en a
occasion, & suivant celles que quelquefois nous pouvons trouver , &
que nous voulons éprouver.

Commençons par le blanc ; on
en met sur la pierre autant qu'il en
pourra tenir dans la coquille, assez
écarté & trés-peu épais, avec fort
peu de gomme & de l'eau de Romarin, & l'on broye doucement jusqu'à ce que cette gomme soit seulement bien fonduë; il s'éleve quelquefois des boüillons , lorsque l'on
broye ces couleurs, mais vous les
faites cesser, en y mettant tant soit
peu de la boüe que l'on tire des oreilles, cela n'y fait aucun mal, puis
on leve & on étend la couleur dans
les coquilles avec le bout du petit
doigt bien net; lorsqu'elle est séche,
il faut passer le doigt dessus légérement, & si la couleur s'y attache,
c'est une marque qu'elle n'est pas
assez gommée, il en faudra remettre

tant soit peu avec de la même eau ; que l'on mêlera encore avec le petit doigt ; enfin, s'il y a trop de gomme, il faut ajoûter de la couleur sans y mettre de gomme, laquelle couleur l'on délayera avec de la même eau seulement.

Par cette même méthode, on détrempera toutes les autres couleurs, c'est-à-dire néanmoins rien que celles qui ont été broyées sur la pierre ; car pour celles qui sont des poudres (comme je vous ay dit) elles n'ont que faire d'être broyées sur la pierre, il ne les faut seulement que délayer dans les coquilles avec les mêmes circonstances que je viens de dire.

Vous connoîtrez quand les couleurs seront bien gommées, si elles ne s'écaillent & ne reluisent point dans les coquilles, si elles se laissent ôter facilement de la coquille avec la pointe du pinceau moüillé, & si elles se laissent aisément étendre avec le pinceau pour n'être pas trop dures.

Couleurs qu'il faut moins gommer.

LA terre d'Ombre, la Lasque & l'Inde demandent fort peu de gomme, quoique néanmoins les unes plus, les autres moins, & c'est ce que l'expérience nous apprendra bien-tôt.

Je crois à présent vous en avoir assez dit, pour vous rendre capable de gouverner vos couleurs, & les mettre en ordre pour pratiquer la Mignature.

Il faut à présent vous instruire, comment on doit préparer le Vestim avec les cartons, sur lesquels vous devez peindre les petits portraits qui sont les Ouvrages plus usitez dans nôtre Art de Mignature.

On prend des belles feüilles de tablettes bien unies & blanches, du Vestim que les Anglois appellent Vortif le plus fin, le plus blanc, égal & uni que l'on peut trouver, & de l'empois blanc, l'on couppe

la feüille de tablette de la grandeur
de l'Ouvrage que l'on veut faire,
& le Veſlim tant ſoit peu plus grand,
alors il faut délayer l'empois dans
la paume de la main avec la lame
d'un coûteau pour l'adoucir, & le
rendre plus mollet & facile à s'étendre; paſſez-en legerement & également ſur un des côtez de la tablette,
le plus preſtement que vous pourrez; appliquez-y le Veſlim diligemment, & mettez du papier blanc
deſſus, afin qu'avec votre main vous
paſſiez également deſſus, en appuyant de maniere que le Veſlim ſe
colle par tout, & ſoient fermes &
unis enſemble; étant ainſi collez,
il les faut mettre en une preſſe fort
unie, afin que la tablette & le Veſlim ſoient ſtable enſemble; ne les
laiſſez pas ſécher entierement dans
cette preſſe, mais étant preſque
ſecs mettez-les ſur un morceau de
glace de miroir, en ſorte que le
Veſlim ſoit ſur la glace, puis vous
paſſerez le côté de vos mains deſſus,

en appuyant affez fort & affez de tems, pour y laiffer fécher fuffifamment votre tablette & le Veflim, lequel vous trouverez trés-uni quand vous le retournerez ; vous devez obferver que le côté de la chair du Veflim doit être collé fur la tablette, qui étant ainfi collé, eft prête pour y paffer le blanc deffus, comme nous allons dire, & c'eft ce qui s'apelle imprimer ; voici comme cela fe fait.

On détrempe du blanc leger fur la petite pierre à broyer, avec tant foit peu de gomme, & que ce foit à peu près la quatriéme partie du blanc ; étant broyé, vous le mettrez dans une coquille, j'entends toujours qu'il foit broyé avec l'eau de Romarin, parce que le blanc fe conferve mieux ; enfuite, prenez un pinceau affez long & plein de poil, lequel vous humecterez d'abord d'eau de Romarin feule, & le pafferez légérement fur votre Veflim également par tout ; enfuite prenez votre tablette de la main gauche; & la panchez un peu en dehors; empliſſez vôtre pinceau de blanc, & en couvrez le Veſlim entierement par tout; c'eſt ce qu'il faut faire avec adreſſe & promptement, car ſi vous y vouliez retoucher après, le moindre coup de pinceau gâteroit tout, & feroit nombre d'inégalitez; mais quoyque vous l'ayez bien executé, il ne laiſſera pas encore d paroître gros & épais; ne vous en étonnez pas; car cela s'abaiſſe en ſéchant; enfin remettez-le ſur la glace de miroir bien nette pour l'unir, en paſſant les mains deſſus le dos de la tablette, alors le Veſlim & la tablette ſont préparez pour votre Ouvrage.

Pour placer les couleurs ſur la palette.

AYez une palette d'ivoire, la plus grande ſera la meilleure, & prenez de chaque coquille des couleurs qui peuvent ſervir à faire des carnations, des cheveux, des four-

cils & de la barbe, de chacune un peu
avec le bout de votre doigt bien net,
& les placez autour de la palette
bien diſtinctement les unes auprès
des autres; & au milieu, vous mettrez pluſieurs petits tas ou places de
blanc, pour en pouvoir prendre de
l'une ſans ſallir les autres, lorſque
vous ferez pluſieurs mêlanges.

Pour faciliter le travail, on doit
faire quelques teintes générales avec
des couleurs ſimples, afin d'éviter
d'en avoir la peine en travaillant;
vous les rangerez auſſi des deux côtez de la palette par petites places
comme les autres; cela ſe peut faire
avec un pinceau, auſſi-bien qu'avec
le bout du petit doigt, en les trem-
pant dans la couleur.

Du mêlange des couleurs.

LA pratique de fort peu de tems
vaudroit beaucoup mieux que
tout ce que je vous puis dire de ces
mêlanges; mais afin d'en apprendre
quelque choſe à ceux qui commen-

cent, & qu'ils n'en soient pas tout-à-
fait ignorans ; je diray que les belles
carnations se font avec du blanc, du
vermillon, du massicot & tant soit
peu de Lasque, pour les Coloris délicats, comme ceux de femmes &
d'enfans ; à l'égard de ceux des
hommes, il y faut ajoûter un peu
d'Ocre jaune & de Lasque ; de ces
couleurs on en peut faire une infinité de teintes différentes.

Les teintes grisâtres se font de
blanc, de Pinck, d'Ocre & un peu
d'Inde, avec de la Lasque mêlée de
blanc.

Les belles Ombres se font d'Ocre,
de Rut ou roüille de Fer, de l'Inde
avec de la Lasque mêlée de blanc ;
pour les trés-sombres & brunes, on
y ajoûte de la terre de Cologne &
du Bistre, & même quelquefois de
la terre d'Ombre ; mais ne mettez
jamais de noir dans le visage, si ce
n'est pour faire le noir des yeux.

Les cheveux blonds se doivent
faire avec de la terre d'Ombre, du

blanc, & de l'Ocre jaune.

Les noirs, avec de la terre de Cologne, de la terre d'Ombre, de l'Ocre & un peu de noir.

Les linges se font avec de l'Inde, du blanc, tant soit peu d'Ocre & de Lasque.

Et de toutes ces choses, l'expérience & la pratique vous en apprendront plus que tout ce que je pourrois dire.

Les couleurs les plus difficiles à préparer, sont la terre d'Ombre & la Lasque, parce qu'elles sont de nature gommeuse; pour les autres, il n'y a que trés-peu de différence entr'elles; venons maintenant à leur employ.

Pour dessiner un Portrait.

AYez devant vous tout ce dont vous pouvez avoir de besoin avant que de commencer, comme la palette garnie de couleurs, les pinceaux, un petit godet de fayance plein d'eau claire, & un autre de même, afin que dans l'un des deux vous y puissiez laver vos pinceaux seulement, & que l'autre ne serve que pour employer vos couleurs; un petit coûteau fort mince & trenchant, tant pour ôter les ordures qui pourroient tomber sur vos couleurs, que pour ôter aussi quelques épaisseurs des mêmes couleurs qui seroient trop épaisses sur votre Ouvrage.

Premier travail.

IL faut avoir un pinceau bien pointu, duquel on prend tant soit peu de Lasque que l'on met sur la palette, & avec de l'eau on la rend trés-foible, afin que quand on en a dessigné son Ouvrage, l'on en puisse corriger les fautes avec cette même couleur un peu plus forte; avec cela, dessignez tout ce que vous voudriez; faites en sorte que vôtre dessein soit si tendre & si foible, que si vous y trouviez encore quelques fautes, vous les puissiez

corriger avec de la même couleur,
mais tant soit peu plus forte.

Second travail.

IL faut marquer tout ce qui est remarquable dans le visage & les chairs, comme des rides & des ombres, avec de la même Lasque mêlée de tant soit peu de Pinck, & un peu de blanc pour rompre la couleur de la Lasque ; puis quand on a tout observé, l'on commence à colorier, & c'est-là que chaque Peintre a sa maniere.

Troisiéme travail.

MAis celle que j'aprouve pour le mieux, c'est de commencer à arrondir le visage, & toutes les carnations avec du Pinck, du blanc & du Vermillon, & tâcher avec ces couleurs plus ou moins fortes, d'arrondir toutes les chairs de cette maniere, & que ce soit néanmoins en touchant par tout foiblement, après avoir tout examiné.

Quatriéme travail.

PRenez du Vermillon, un peu de Laſque, de Maſſicot, ou de l'O-cre jaune ſi c'eſt pour des hommes, & du blanc dont on fait une couleur de chair, avec laquelle ſe doit marquer le rouge des jouës, les lévres & le deſſus des paupieres, le front, le menton, & enfin par tout, en lavant foiblement ; néanmoins prenez garde de n'en point mettre où ſont les grisâtres & les beaux bleüs.

Cinquiéme travail.

CEs gris & bleus doivent avoir été placez devant les rouges pour une plus grande facilité, quoi-qu'on les puiſſe placer enſuite des rouges ; parce que (comme j'ay dit) chacun a ſa maniere ; choiſiſſez & travaillez hardiment à mettre vos teintes dans leurs places, afin de mettre auſſi votre ébauche en état de recevoir le coloris que vous lui devez donner après.

Pour les cheveux, vous coucherez un fond moyen, c'eſt-à-dire que l'on y puiſſe rehauſſer & réformer pour donner de la force.

A l'égard des habits, il en faut ébaucher le fond , tout de même que quand vous avez imprimé la Tablette ou Veſlim ci-devant, c'eſt-à-dire à grands coups de pinceau qui ſera plein de couleur; en ſorte néanmoins que l'on puiſſe rehauſſer & enfoncer , quand on le jugera à propos, & ſuivant le fort & le foible des teintes, lorſqu'on le voudra finir & achever.

Voilà l'ébauche du Portrait, lequel en cet état vous paroîtra fort rude & groſſier , à comparaiſon de ce que vous y devez faire.

Premier travail des fonds.

C'Eſt à preſent qu'il faut coucher les fonds ou derrieres des Portraits ; pour le faire, il faut avoir réſolu de quelle couleur on les ſouhaite ; cela ſe fait ordinairement selon les visages & les habits, ils se font tous, en mettant la premiere couche à grands coups de pinceau avec la même couleur, mais néanmoins si clair, que ce ne soit presque que de l'eau, & de même pour les habits ; après quoy, ils prendront mieux la couleur pleine ; cela étant fait, vous verrez votre Ouvrage fort pâle & dégoûtant.

Second travail.

VOus fortifierez ensuite toutes vos teintes, comme les paupieres & les ombres, en ramassant les masses des parties divisées, rompant une couleur avec une autre, en remplissant toutes les petites places vuides, sans pourtant rien achever, conservant toujours l'Ouvrage plutôt plus clair que votre original, ou naturel, ou Tableau, que plus brun.

Ce second travail se fait en hachant & lavant, selon les occasions & le jugement que l'on y apporte,

& c'eſt icy où il faut bien prendre garde à placer ces belles teintes bleuës , griſâtres & rouges autour des yeux , de même qu'autour des racines des cheveux & ailleurs ; enſuite travaillez à la barbe & aux cheveux, s'il y en a, afin que l'Ouvrage ſoit avancé par tout également.

Troiſiéme travail.

L'Ouvrage étant en cet état, paroîtra arrondy, quoyque foiblement, car il y manque encore la force & l'union qu'il luy faut pour l'achever, & c'eſt à ce troiſiéme travail où vous devez apporter tous les ſoins poſſibles pour adoucir cet Ouvrage ; cela ſe fait en perdant une couleur dans l'autre avec un pinceau chargé de couleur plus claire que celle ſur quoy l'on travaille, en les rompant & coupant avec des touches délicates du pinceau tant ſoit peu humiecté, & en examinant tout l'Ouvrage avec patience, juſqu'à ce que vous ayez

aſſemblé toutes les teintes & les différens coloris d'union les uns dans
les autres, en ſorte qu'on ne les
puiſſe pas diſtinguer ; pour lors vous
trouverez votre Ouvrage preſque
achevé, & il commencera à vous faire plaiſir.

Quatriéme & dernier travail.

ENfin reviſitez encore une fois
votre Ouvrage pour y donner
les dernieres touches, en rehauſſant
les clairs & renforçant les bruns ;
mettre les petits points blancs dans
les yeux, les ombres fortes ſous le
menton, deſſous le nez, les paupieres & la bouche, de même que
par tout où il ſera beſoin, ainſi que
dans la chevelure, par où vous acheverez la tête, & vous finirez auſſi
les linges & les habits de cette ſorte,
car c'eſt la tête qui regle tout.

Les fonds ſont très-importans, &
il eſt néceſſaire de les terminer entierement avant que d'achever le
Portrait, afin d'y travailler des che-

veux

veux deſſus, leſquels ſouvent y doivent voltiger & être fort legers, de même que ſur l'habit ; il ſera à votre option de pointiller ces fonds ou de les laiſſer unis, mais les pointillez ſeront toujours plus gracieux.

Maximes générales.

QUand on travaille, l'on ne doit prendre que trés-peu de couleur à la fois dans le pinceau ; lorſqu'elle y eſt, il le faut éprouver ſur un papier blanc que l'on doit toujours avoir ſous ſa main & ſur ſon Ouvrage ; cette épreuve eſt pour ôter ce qu'il y a de trop de couleur, ou vous faire connoître quand il n'y en a pas aſſez, afin d'y en remettre, ſi on le juge à propos.

Enfin quand on eſt aſſuré qu'il eſt en bon état, il ne faut pas laiſſer de le preſſer tant ſoit peu avec les lévres, leſquelles n'en laiſſent juſtement que ce qu'il en faut, & même accommodent auſſi la pointe du pinceau, telle qu'on la ſouhaite, & fait même encore connoître s'il est bon.

Sur tout ne salissez point votre Ouvrage de couleurs noirâtres.

Lorsque vos couleurs se couchent rudes, il faut les fondre par des traits de pinceau touchez légérement, la pointe étant applatie.

Ne jamais mettre des couleurs legeres sur des bruns, si ce n'est en les mêlant de blanc leger, lequel fera l'effet que vous pourrez souhaiter.

Il est trés difficile d'effacer une chose mal faite; mais si par hazard cela arrive, & que vous soyez obligé de le faire, il faudra sur la place qu'on aura effacée, coucher du blanc leger, mêlé avec de la même couleur que vous devrez mettre en cet endroit, mais beaucoup plus legere qu'il ne faut, en assemblant les couleurs qui sont auprès, & les y joignez le mieux qu'il vous sera possible.

Il peut arriver encore qu'on ait fait de certaines choses trop brunes dans les chairs; si vous les voulez reblanchir, vous mêlerez un peu de blanc leger avec de la semblable couleur à celle que vous voulez reblanchir, & de cette teinte, vous laverez fort légérement la partie que vous voulez éclaircir; vous en verrez l'effet à mesure que le blanc séchera: mais faites en sorte que ce lavis soit fait bien légérement, parce que le blanc feroit une épaisseur qui paroîtroit grossiere ; vous le pourriez néanmoins adoucir avec un pinceau & de la couleur convenable.

Fin des Instructions pour la Mignature.

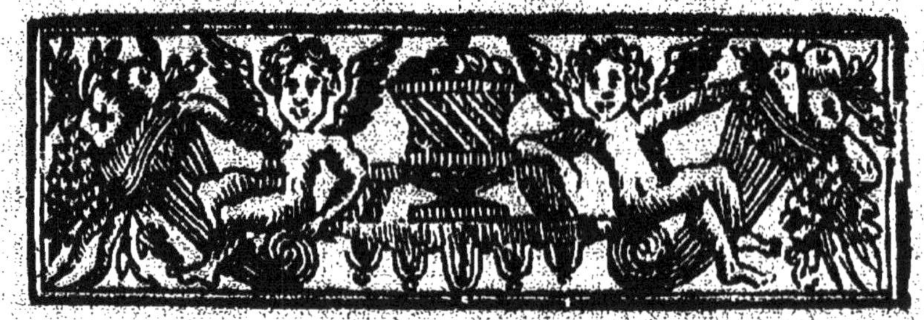

L'ART DU FEU,

OU TRAITÉ

DE LA PEINTURE

EN EMAIL.

Par lequel on découvre les plus beaux secrets de cette Science.

PENDANT la minorité du Roy Loüis XV, la Régence de Monseigneur le Duc d'Orleans, & que tous ceux qui cultivent les Sciences & les beaux Arts, s'efforcent de les conduire à leur perfection : je me suis résolu d'executer cet Ouvrage qu'il y a plus de vingt ans que j'ay promis de donner au Public ; si je ne l'ay pas fait, lorsque quelques personnes de condition m'ont fait l'honneur de me le demander; je les supplie de croire que je n'étois pas en situation de le faire avec toute la tranquillité que ce travail demande, quoyque je travaillasse toujours dans mes moments de loisir à mes Mémoires dans l'espérance de les satisfaire quelque jour, ainsi que je le fais aujourd'huy avec plaisir, abandonnant toute autre affaire pour découvrir au Public les intelligences d'un Art si précieux.

Pour commencer, je crois qu'il est à propos de dire que le fond des Emaux n'est autre chose que de l'Etain, du Plomb, du Fer, de l'Acier, du Cuivre, de l'Or, de l'Argent, de l'Antimoine, du Saffre, du Salicor, de la Cendre gravellée, de la Litarge, de la Maganese & du Périgueur; mais que ces matieres ont besoin d'un Artiste subtil pour les préparer aux différentes opérations que nous nous propofons & que l'Ouvrage demande, ainfi que j'efpere d'en faire le détail dans leur lieu cy-après.

On doit obferver en général, que lorfque les métaux font calcinez, fi l'on veut les fixer plus qu'ils ne font, ce ne peut être qu'en les imbibant après leurs calcinations avec de l'efprit de Souphre jufqu'à trois ou quatre fois, les mettant dans une cornuë après que les diffolutions feront parfaitement édulcorées & deffléchées : en voicy la maniere que l'on doit précifément executer.

Remarquez donc que chaque imbibition d'efprit de Souphre doit être entierement deffléchée avant que d'en faire une autre, & que ces deffications fe font par l'évaporation dudit efprit de Souphre dans la cornuë fur un feu médiocre, enfuite de quoi on doit édulcorer ces calcinations avec de l'eau chaude, jufqu'à ce qu'elle forte parfaitement douce de deffus la matiere, puis il faut les deffécher fur du papier gris; après on les doit calciner à grand feu dans un creuset sous une moufle dont je feray la description dans son lieu, pour ne point faire de répétition.

Il est à propos de dire qu'il y a quelques remarques à faire pour tirer la teinture des métaux.

Premierement, qu'il ne les faut pas tirer par les esprits corrosifs, ainsi que je le diray cy-après, ny dans des vaisseaux de verre, mais dans des creusets avec des matieres qui ayent affinité avec eux, comme sont les Sels, les Sables ou les Pierres.

On remarquera que le Fer n'est pas seulement amy de tous les Sels souphreux & corrosifs, mais qu'il l'est encore de ceux des Urines, lesquels il attire & conserve dans le feu par une vertu magnétique; cela se reconnoît dans sa limaille mêlée avec du Nitre ou du Sel de Tartre, lorsque ces Sels se fixent avec elle & résistent au feu.

Les métaux parfaits se purgent par le feu soudain ou prompt du Nitre, c'est-à-dire que leur calcination peut être mêlée avec partie égale de Nitre fin, tous deux mis dans un creuset, dans lequel on mettra le feu avec une petite tringle de fer qui y sera rougi, laquelle fera prendre le feu au Nitre qui s'exhalera & aura calciné le métail.

Il y a un nombre infini de belles expériences à faire sur l'Antimoine, comme par exemple, si on le mêle avec quatre fois autant de Borax de Venise, & qu'on les fondent ensemble, le Verre qui en proviendra sera de couleur jaune; si on pousse le feu à grands coups de soufflet, il deviendra blanc, & si on calcine encore l'Antimoine avec huit fois autant de Borax, le Verre qui en viendra, sera de couleur verte.

Enfin, les teintures des métaux demandent une préparation très-

parfaite, & bien autre que celles
que l'on fait par les menſtruës ou
diſſolvans corroſifs, qui ne ſont que
des errosions ſuperficielles du métal en petites parties, qu'il eſt facile de remettre en corps par le
moyen de quelques Sels Alcalis,
& ſpécialement le Sel de Tartre
& le Borax, leſquels s'uniſſant à
l'acide, délivrent les parties du métal de leurs liens, qui ſe ſentant
détachées, auſſi-tôt tombent au
fond du vaiſſeau qui les contient;
voilà comme on peut faire les épreuves des teintures métalliques, &
ce qui m'a fait connoître par expérience que les Sels Alcalis ſont
très-ſinguliers pour réduire les métaux au point que nous les demandons pour en avoir les teintures.

Remarquons encore que quand
les Sels Alcalis ſont joints à des
corps ſouphreux, il en provient
des couleurs rouges, & que la couleur des métaux conſiſte dans leurs
Souphres; cela étant, il faut pour

les préparer; premierement, en tirer le Souphre pur, & que le corps du métal reste dépoüillé du Souphre qui faisoit sa teinture.

Par exemple, si on calcine le Plomb ou Saturne avec du vinaigre distillé, dans lequel on aura dissout du Sel Armoniac; il donnera en solution bien édulcorée une très-belle séruze.

Le Sel sucré de Saturne ou Plomb distillé par la retorte avec autant de Vitriol de Mars ou Fer, donne une couleur d'Amatiste, en lui donnant son fondant, comme nous dirons des autres couleurs.

Mais comme toutes les calcinations des métaux veulent être édulcorées ou adoucies; il est très à propos de les laver avec de l'eau de riviere, dans laquelle on aura dissout un peu de très-pur Sel de Tartre qui emportera toute l'acrimonie des eaux fortes avec lesquelles ils auront été dissouts.

Je ne croy pas qu'il soit nécessaire.

faire de donner icy la maniere de faire l'Email blanc, non plus que les autres Emaux épais : vû qu'on les trouve tous faits chez les Marchands qui les font venir de Venise, & des autres Pays où il y a des fourneaux qui ne servent qu'à ces sortes de compositions.

Mais je veux seulement donner une calcination toute Philosophique de l'Etain ou Jupiter, parce qu'il est la base & le fond de l'Email blanc qui nous doit servir comme de toile ou de fond imprimé, sur quoy nous devons travailler.

Calcination de l'Etain ou Jupiter ♃.

L'Etain nous est un sujet des plus considérables, & sans lequel nos couleurs nous seroient comme inutiles, puisque ce n'est que par sa blancheur admirable que nous pouvons faire nos plus belles épreuves.

Fondez donc, par exemple, deux livres d'Etain de la premiere fonte

(c'est-à-dire du plus fin & plus pur)
dans un creuset au feu de roüe ;
étant fondu, jettez deſſus une once
de Savon rapé avec un couteau,
& remuez l'Etain ſans ceſſe avec
une cuilliere de fer, il s'y formera
une petite pélicule ou croûte ſur
la ſuperficie qu'il faut lever adroitement avec la cuilliere, & enſuite
mettre dans un plat de terre, que
vous aurez tout prêt, remuant toujours ce qui eſt dans le creuſet,
& levant cette pélicule qui ſe formera inceſſamment de cette ſorte,
juſqu'à ce que tout l'Etain ſoit réduit en ſes poudres, leſquelles vous
broyerez tres-fines dans un mortier de Porphir, d'Agathe ou de
Verre avec ſon pilon; mettez cette
Poudre dans de l'eau boüillante
tres-nette, & la lavez tant que l'eau
n'en ſorte plus noire; par les différentes lotions que vous verſerez
par inclination, l'Etain vous reſtera en poudre d'une blancheur de
neige.

Il faut mettre ce magiſtaire dans une phiole de Verre bien bouchée pour vous en ſervir, comme nous le dirons dans ſon lieu, lorſque nous donnerons la maniere de faire le blanc à rehauſſer avec le fondant de Rocaille ou de Criſtal.

Je veux donner aux Curieux (comme une eſpece de jeu) une calcination des métaux, pour ſe communiquer l'un à l'autre leur propre couleur de métal.

Pour cet effet, il faut diſſoudre lequel des métaux qu'on voudra dans ſon propre menſtruë ou diſſolvant, comme par exemple, l'Or dans l'eau régale, & tous les autres dans l'eau forte ordinaire, ou vinaigre; après que les métaux ſeront diſſouts, on jettera dans la diſſolution une bonne partie de Nitre, puis l'on trempera des linges blancs & fins dedans, que l'on fera ſécher devant le feu; enſuite, on brûle ces linges ſur quelque aſſiette de terre, & la cendre qui en provient, est le métal préparé ; pour s'en servir & en faire l'expérience, il faut prendre un petit morceau de liége ou de bois blanc & tendre, avec lequel on prend de ces cendres pour en frotter à froid le métal qui lui convient ; celle de l'Or, dore l'Argent ; celle de l'Argent, argente le Cuivre ; celle du Cuivre, rend le Fer couleur de Cuivre, de même que le Plomb & l'Etain : je me persuade que quelqu'un me dira que cela ne convient point à mon sujet ; j'en conviens, & je le donne aussi comme un jeu ; mais ceux qui observeront bien ces cendres, y pourront avoir du plaisir ; car tous les esprits ne font pas dans une même tête.

Comme je veux faire mon possible pour ne rien oublier dans cet Ouvrage qui ne puisse ouvrir le génie, & ne fasse faire sans cesse des nouvelles découvertes sur le travail que je me fais un plaisir de donner au Public ; je croy pour cet effet qu'il est à propos avant que de parler de l'Arcenic, d'avertir les Curieux que ce Mineral & l'Orpiment, sont deux substances minerales de leur nature, lesquels sont si subtiles & pénétrantes, que si on les joint aux autres métaux, ils les ouvrent de telle maniere, & font chez eux un tel fracas ou opération, que c'est une merveille d'en voir les effets, puisqu'ils les changent presque en autre nature; & néanmoins, quelque précaution qu'on puisse prendre, jamais on ne les pourra retenir au feu, quand ils y seront mis seuls; car ils s'en iront en fumée : j'espere que cette remarque fera découvrir nombres de belles couleurs qui peut-être n'ont point encore été vûës, & qu'il se pourra trouver quelque génie supérieur qui en fera des épreuves utiles; mais on doit être avertis que les fumées de l'Arcenic & de l'Orpiment, sont dangéreuses, ainsi on doit les éviter & y prendre garde.

C'est encore une merveille au
sujet de nos Ouvrages, qu'on ait
trouvé le moyen de fixer les Mar-
caſſites; car il n'y a ordinairement
que les ſubſtances les plus fixes dont
nous nous puiſſions ſervir; néanmoins je veux découvrir ce ſecret,
comme étant un ſujet curieux pour
nos Amateurs, qui en pourront tirer des teintures ou couleurs admirables, & afin de leur en donner les moyens, voicy une ſimple
expérience qui les pourra régler
pour leur faciliter les autres.

Par exemple, prenez du Biſmut
ou Etain de glace que vous calcinerez parfaitement, après imbi-
bez-le quatre ou cinq fois de bonne
huile de Tartre par défaillance;
remarquez que chaque imbibition
doit être bien deſſéchée ſur un petit feu, puis enſuite en remettre
une autre, & de même à toutes
conſécutivement; ayant fait toutes
ces imbibitions & deſſications, lavez bien le Biſmut, qu'il ne ſente

aucun goût du Sel de Tartre, & il vous reſtera une matiere fixe, propre pour nos Ouvrages.

Toutes ſortes d'autres Marcaſ-ſites peuvent être fixées de cette ſorte, mais ſur tout, qu'elles ſoient bien & parfaitement calcinées avant qu'on les imbibe d'huile de Tartre; car autrement elles ne ſubſiſteroient pas au feu, & ne donneroient rien qui nous fut utile.

C'eſt icy où le grand nombre d'opérations que j'ay à traiter des deux plus excellens métaux, m'o-bligent de donner les moyens d'en connoître la plus grande pureté, qui eſt ce que nous devons cher-cher dans l'Or & l'Argent, pour y trouver leur parfaite teinture, qui autrement ne s'y trouveroit pas.

Je donneray donc icy la ma-niere excellente de les éprouver, ſi on les trouve douteux.

Et je dis pour cet effet, qu'il n'y a que l'Or & l'Argent qui ſoient fixes, & même différens en fixité;

que pour avoir ces métaux au souverain degré de perfection, ils doivent avoir trois qualitez ; sçavoir, le Poids, la Teinture & la fixation.

On les examine ordinairement à l'œil, en les rougissant au feu, à l'extention sous le marteau, par la fusion, le Ciment, & même au Burin ; sur la pierre de touche, l'œil connoît à quel titre est la teinture exterieure ; le feu, n'est pas moins sûr, car après y avoir été rougi, s'il y reste dessus une tache noire, c'est signe qu'il y a de l'alliage ; si en le fondant au Burin, on le trouve trop dur, il y a de l'alliage, à la fusion, si elle est trop facile, elle marque qu'il y a beaucoup de métal imparfait, lequel a fait comme une espece de soudure ; si au contraire la fusion est plus difficile que l'ordinaire du métal qu'on examine, cela signifie qu'il est mêlé avec des mineraux vitrifiez : si la teinture, son corps ou substance diminuë, c'est un Or Sophistiqué.

Par l'extention sous le marteau, on le connoît encore assez facilement ; car si en le battant, il s'y fait des fentes ou crevasses, c'est une marque certaine qu'il y a quelques Sels de mineraux friables, comme de l'Etain, & autres ; enfin, si la coupelle affoiblit ou diminuë le poids ou la teinture, c'est signe évident d'altération & d'alliage avec d'autres métaux.

Les examens particuliers pour l'Or, sont la cémentation Royale, la séparation par les eaux fortes & corrosives, l'épreuve par l'Antimoine, la solution par l'eau régale, & la réduction en corps aprés la solution.

Par la cémentation, on connoît s'il y a du Verre : si aprés la cémentation plusieurs fois réïterée, il s'y trouve une notable diminution de la substance ou corps de l'Or ; par séparation, & par inquart, le défaut se connoît, si la partie qui doit être fixe, se dissout avec l'Argent,

ou quand même elle ne se dissou-
deroit pas, s'il s'en sépare quelque
chose en maniere d'Or, ou si une
couleur grise reste sur cette marque ou partie d'Or, ou qu'enfin,
tout ce qui n'est point dissout, soit
gris & noir, que par le feu il ne
prenne point la couleur jaune qui
est celle d'Or, ou si les chaux ré-
duites en corps ne peuvent souf-
frir les eaux fortes & corrosives
sur la pierre de touche. Par la purgation d'Antimoine, il sera aisé de
le connoître encore, si aprés que
l'Antimoine s'est exhalé à force de
feu & de soufflets, il s'est fait perte
ou diminution de substance ou teinture. Par la solution, si elle est trop
difficile, car c'est une chose mer-
veilleuse que l'eau forte qui dissout
l'Argent & non l'Or; quand on l'a
faite régale, alors elle dissout l'Or
& non l'Argent. Si donc l'eau régale a de la peine de dissoudre
l'Or, c'est marque qu'il est mêlé
d'Argent ou de corps vitrifiez ;

enfin, si les eaux ne font pas jaunes aprés la diſſolution, c'eſt un tres-mauvais indice. Par la réduction de la chaux d'Or en corps, ſi elle ne s'y peut réduire, ou qu'une grande partie ſe vitrifie, c'eſt une marque qu'il y a beaucoup de Sels; il en eſt de même, ſi la teinture ſouffre beaucoup de déchet, ou même peu : je crains de m'être trop étendu ſur cette matiere, néanmoins j'eſpere que cela ne déplaira pas aux vrais Curieux, & comme il y a de la néceſſité d'avoir l'Or & l'Argent purs, j'ay crû ne me pouvoir diſpenſer d'en donner les moyens infaillibles.

Ayant dit tout ce que je croy néceſſaire pour connoître & donner la pureté à l'Or, de même je m'expliqueray à l'égard de l'Argent autant qu'il me ſera poſſible; afin de découvrir ſes maléfices & ſes impuretez : voicy quelles ſont ſes épreuves.

Aprés la coupelle de l'Argent,

il y a l'aspect de sa chaux, lorsqu'il a été dissout par l'eau forte,
par les lames de Cuivre, & enfin
par la réduction de cette chaux en
corps.

On connoît par solution qu'il y
a des matieres vitrifiées, si aprés
la dissolution, l'eau ne prend pas
la couleur bleuë, ou bien il y a
mêlange d'autres métaux, si la solution s'en fait trop aisément.

Et par la séparation de la chaux
& son extraction de l'eau forte, en
y mettant des lames de Cuivre;
car si les parties dissoutes s'atta-
chent à ces lames, il y a de la
sophistication, parce que l'Argent
véritable ne le fait pas.

Toutes ces épreuves & ces examens
qui sont la résolution en chaux, la
séparation, & la réduction, tant de
l'Or, que de l'Argent, ne doivent
être ignorées de ceux qui veulent
prendre plaisir à la perfection de
notre Art.

Comme on pourroit se tromper

dans l'examen de l'Or par l'Antimoine, en voyant qu'il s'en seroit perdu quelques grains, & qu'on ne le croiroit pas bon; il est à propos de sçavoir, que le meilleur Or examiné par cet Agent, se diminuë toujours un peu, lequel se mêle avec les féces de ce mineral, & qu'il n'est pas facile d'en séparer; si on le vouloit, néanmoins, il le faudroit sublimer à force de feu, & de soufflets, & le faire passer par plusieurs creusets, mais cela ne se feroit pas sans peine ni difficulté; pourtant, si lorsque d'abord que vous broyez votre Antimoine, à dessein d'en purger l'Or, vous y joignez la huitiéme partie de Tartre crud, & que vous le mêliez intimement avec votre Antimoine, il n'y aura aucun déchet en l'Or, & l'opération même en deviendra plus aisée; car le Tartre précipite toute la substance de l'Or, de sorte qu'il n'en reste pas la moindre petite partie dans l'Antimoine.

Je

Je ne dis rien presentement des autres Métaux, puisque dans chaque
Méthode que je donne pour en tirer
les teintures, je m'énonce suffisamment; qu'on ne m'accuse pas icy
de superstition, en disant que véritablement j'ay remarqué ce que
nombre de Philosophes ont dit au
sujet de l'ascendant que les Planettes peuvent avoir sur les métaux, ayant égard aux jours qu'ils
doivent être manipulez; je puis assurer l'avoir éprouvé nombre de
fois, & que mes peines doubloient
lorsque je n'y faisois pas attention;
au reste, je pourrois m'en être in-
fatué; mais aprés y avoir sérieuse-
ment pris mes précautions, les sujets
sur lesquels je travaillois m'ont presque toujours réüssi, & quoyque nombre d'Auteurs en parlent, je ne laisseray pas aprés eux d'en donner ici
l'ordre, afin que les Amateurs de
notre travail n'ayent pas la peine
de feuilleter leurs volumes.

Ordre que doivent tenir les Métaux, suivant celle que les Philosophes attribuent aux Planettes & aux jours qu'ils doivent être manipulez.

SAturne, ♄. Plomb, se doit travailler le Samedy.

Jupiter, ♃. Etain, le Jeudy.

Mars, ♂. Fer ou Acier, le Mardy.

Le Soleil, ☉. l'Or, le Dimanche.

Venus, ♀. le Cuivre, le Vendredy.

Mercure, ☿. le Vif-argent, le Mercredy.

La Lune, ☽. l'Argent, le Lundy.

Lecteur, si je donne icy tant de sortes d'opérations sur l'Or pour en tirer la couleur de Pourpre, en voicy les raisons : la premiere, est que toutes ne réüssissent pas à toutes sortes d'Artistes, quoyqu'elles soient véritables : la seconde, qu'il y en aura quelqu'unes plus faciles que les autres, & d'autres qui donneront de plus belles teintures, &c. c'est pourquoy plus celuy qui les

manipulera aura de génie, d'a-
dresse & de subtilité d'esprit, plus
il trouvera de goût, de facilité &
de plaisir à tirer de ce corps tant
aimé la plus admirable & la plus
excellente de toutes nos couleurs,
comme étant la plus permanente.

Premiere Opération des Poupres.

IL faut avoir des feüilles d'Or en
lamines tres-minces, lesquelles
on met dans un creuset capable de
les tenir avec quatre fois autant
pesant d'Antimoine : sçavoir, *stratum super stratum*, c'est à dire en
terme d'Artiste qu'il faut mettre
d'abord une couche d'Antimoine
au fond du creuset, puis sur cette
couche, une lamine d'Or, puis dessus l'Or une couche ou lit d'Antimoine, & dessus une lamine d'Or,
& ainsi des autres jusqu'à ce que
le creuset soit plein, mais faire toujours en sorte que la derniere couche soit d'Antimoine & méme assez
épaisse ; ensuite luttez bien le creu-

fet avec la terre préparée, lequel
vous laisserez sécher doucement &
loin du feu, crainte qu'il ne s'y
fasse des crevasses & ouvertures,
& vous mettrez ce creuset au feu
de calcination par degrez pendant
six heures, aprés quoy l'Or deviendra friable & tres-aisé à se broyer
entre les doigts : si du premier coup
il ne se broyoit pas comme je le
dis, recommencez l'opération de
ce même Or, sans doute il y sera
réduit & trés-bien calciné, puis lavez cet Or avec du vinaigre dif-
tillé dans lequel vous aurez diffout
du Sel commun, & enfin avec de
l'eau de riviere claire & tres-chaude.
Séchez cette calcination fur des cendres chaudes à petit feu, & si vous
avez bien operé, vous en tirerez
un tres-beau Pourpre auquel vous
donnerez sept fois autant pefant de
fondant, ainfi que vous ferez à tous
les fuivans, & tel que je le diray
au Traité des fondans.

Second Pourpre d'Or.

Voicy une autre Opération qui pourra peut-être paroître à plusieurs Artistes presque semblable, mais un Docte en sçaura bien l'excellence & l'ingenieuse invention; prenez donc de l'Or en lamines tres-minces que vous mettrez dans un creuset avec de l'Antimoine & de la Pierre-ponce concassée : sçavoir, *stratum super stratum*, comme j'ay dit cy-dessus, & observerez toujours que la premiere & la derniere couche soient d'Antimoine & de Pierre-ponce, puis luttez le creuset comme cy-devant, & le mettez au feu de cémentation par degrez pendant six heures, ensuite deluttez le creuset, & si l'Or n'étoit pas friable entre les doigts, recommencez à stratifier avec ladite Poudre d'Antimoine & de Pierre-ponce, remettez le creuset au feu de cémentation comme la premiere fois, & réïterez cette cal-

C iij

cination jufqu'à ce que vos lamines d'Or fe broyent facilement entre vos doigts : ces lamines feront un peu blanchâtres & comme humides ou moüettes, vous verferez deffus, de l'efprit de vin, pour en tirer la teinture, & réïterez tant de fois que l'efprit de vin ne fe teigne plus, car il tirera à luy toute la teinture ; alors vous féparerez l'efprit de vin par l'entonnoir de papier gris, & le diftillerez à chaleur douce juf-qu'à ce qu'il commence à s'épaiffir, prenez cette terre ou Or, & le cal-cinez au petit feu de reverbere juf-qu'à ce qu'elle fe puiffe mettre en Poudre tres-fine, laquelle il faut la-ver avec de l'eau de riviere bien nette ; votre Or étant en cet état, fi vous êtes Artifte, vous en tire-rez un Pourpre tres-beau.

Troifiéme Pourpre.

CEtte Opération eft commune & fort fimple, mais elle eft dangereufe dans l'execution, fi l'Artiſte n'eſt pas vigilant à la fin de ſon Ouvrage.

Prenez donc une once d'Or en chaux ou en limaille, deux onces de Sel Armoniac & huit onces d'eau forte, mettez le tout dans un matras (proportionné à la matiere) ſur le ſable chaud à petit feu juſ-qu'à ce que l'Or ſoit diſſout en cou-leur jaune ; vuidez la ſolution par inclination pour en ſéparer une terre blanche qui reſte au fond , puis diſſolvez dans un autre matras qua-tre onces de Mercure ou Vif-argent avec huit onces d'eau forte , & lorſqu'il ſera diſſout, ajoûtez y une pinte d'eau de riviere bien claire avec la ſolution de l'Or, ce mê-lange deviendra noir, vous le ferez boüillir ſur le ſable chaud pendant une heure & demie ou à peu prés auſſi dans un matras proportionné à vos matieres, l'Or ſe précipitera au fond dudit matras, & l'eau reſ-tera claire comme la plus belle eau de fontaine ; vuidez-la par inclination pendant qu'elle est chaude (si-non le Mercure se mettroit en cris-taux) lavez la chaux de l'Or avec de l'eau commune trois ou quatre fois, puis la faites sécher à petit feu ; car si vous l'en approchez trop prés, il pétera comme un coup de canon, il se perdroit entierement, & vous pourroit faire mal : je vous le dis, parce que cet accident m'est arri-vé à moy-même, dont alors je de-meuray comme sourd pendant plus de deux heures.

Quatriéme Pourpre.

JE donne icy un chef-d'œuvre de Philosophie pour la calcina-tion de l'Or ; prenez-en en chaux la quantité que vous voudrez, avec douze fois autant pesant de Mer-cure, vous les amalgamerez fort long-tems dans un mortier de verre avec son pilon, versez dessus du bon vinaigre distillé pour le bien laver, ensuite vous le passerez au travers d'un linge blanc tres-serré:

continuez de remettre de nouveau
Mercure dans le mortier avec l'Or
qui n'a pas paſſé & qui eſt reſté
dans le linge, réïterez cela tant &
juſqu'à ce que tout l'Or ſoit paſſé
par votre linge comme en Mercure ; alors prenez tous ces Mer-
cures qui contiendront votre Or,
mettez-les dans un alembic avec ſa
chape ſur des cendres chaudes pendant vingt-quatre heures, & que
le feu ſoit doux, afin que l'Or ſe
purifie tres-parfaitement avec le
Mercure, puis paſſez le tout au
travers d'un morceau de chamois,
qui ſera lié & noüé, en ſorte qu'on
ne puiſſe rien perdre en le preſ-
ſant avec les mains ſur un baſſin
de fayance ou autre, pour en faire
ſortir le Mercure, lequel étant extrait, il reſtera dans le chamois une
maſſe qui contiendra tout votre Or
& encore prés de trois fois autant
de Mercure, prenez ladite maſſe,
& la mettez dans un alembic avec
ſa chape, ſur le fourneau de cendre

à feu doux pendant deux ou trois heures, & jusqu'à ce que la masse soit séche; vous ôterez l'alembic du fourneau, puis si quelques parties du Mercure sont montées, faites les retomber avec les pannes d'une plume, & aprés l'avoir remis sur le même feu & qu'il sera sec, ce que vous trouverez en masse, mettez-le en poudre pour le recuire, comme je le viens de dire, avec encore son même Mercure que vous venez d'extraire, aprés quoy vous l'ôterez du feu & le triturerez comme cy-dessus; mettez cette Poudre dans le même fond d'alembic avec sa chape, & distillez tout le Mercure à feu tres-fort, alors vous aurez votre Pourpre presque sans couleur, mais elle reviendra quand vous luy aurez donné son fondant avec lequel vous le reverbererez à petit feu.

Cinquiéme Pourpre.

SI vous aimez le travail, c'est icy où vous aurez du plaisir à faire les Opérations que je vous donne avec tant de facilité, quoiqu'elles m'ayent coûté tres-considerablement & même emporté une grande partie de ma jeunesse; mais je ne m'en repens pas, puisque je me suis contenté, & que c'étoit mon inclination naturelle qui m'y portoit.

A l'égard de notre cinquiéme Pourpre, prenez quatre onces de Nitre purifié & une once d'Antimoine d'Hongrie, réduisez-les en poudre subtile sur un Porphire, ajoûtez-y un gros d'Or en feüilles, faites la détonnation dans un grand creuset avec une verge de fer rougie au feu, avec laquelle vous remuërez ladite matiere qui s'enflammera au moment, & vous laissera une masse que vous calcinerez au petit reverbere pendant une heure, &

jufqu'à ce que la couleur tire un peu fur le violet, alors levez-la & la féchez, enfuite donnez-luy fon fondant pour l'éprouver.

Sixiéme Pourpre.

A Prefent on peut connoître par ce que j'ay dit ci-deffus que le travail des Emaux n'eft pas peu de chofe à celuy qui l'a inventé comme j'ay fait, perfonne ne m'en ayant jamais donné aucunes intelligences; ce n'a donc été qu'à force d'experiences que j'y fuis parvenu, & je puis dire qu'entre le petit nombre de ceux qui y ont travaillé & même qui y travaillent encore, il y en a eu peu qui ayent connu & qui connoiffent, ce que c'eft que les couleurs qu'ils ont employé & employent actuellement.

Voicy encore une tres-ingénieufe calcination d'Or : remarquez qu'il faut faire fcier des cornes de Cerf en petites lamines fort minces, lef-quelles on ftratifie avec des lamines d'Or, dans un creuſet à l'épreuve & que l'on ſcelle de bon Lut : on le met au fourneau d'un Potier de terre juſqu'à ce que la calcination paroiſſe de couleur de Pourpre ; il eſt aiſé de voir que ce ne peut être que la corne de Cerf, qui aura corrodé l'Or & réduit en poudre, qu'il ſera facile de ſéparer de la cendre de ladite corne par le moyen de quelque induſtrie Hermétique.

Septiéme Pourpre.

Fondez de l'Or tres-fin dans un creuſet ; quand il ſera en fuſion, jettez deſſus trois fois autant peſant de Souphre vif, & au même moment jettez auſſi le tout dans un autre creuſet froid que vous aurez tenu tout prêt : la matiere étant froide, elle ſera fort friable & ſe pulveriſera en tres-beau Pourpre ; mais avant, il faut tirer ce qui ſera reſté de Souphre vif, comme cy-deſſus au ſixiéme Pourpre.

Huitiéme Pourpre.

JE ne puis exprimer le plaisir qu'un Artiste ressent dans son cœur, lorsqu'il a découvert des choses que tant d'autres ont cherchées sans y pouvoir parvenir, quoiqu'ils fussent tres-doctes & habiles Maîtres : j'avouë aussi que c'est un don du Ciel que celuy qui y réüssit ne peut jamais assez reconnoître, si ce n'est par une profonde humilité : ne vous étonnez donc pas, Lecteur, si je réfléchis si souvent ; je suis persuadé que vous voyez que j'en ay beaucoup de sujet, & que c'est tout le plaisir qui me reste aujourd'huy de mes profondes études.

Je finis en vous donnant encore cette huitiéme & excellente calcination d'Or que j'ay toujours beaucoup estimée, parce qu'elle est aisée & facile à faire.

Prenez deux onces de Sel Nitre, & autant d'Alun, tous deux parfaitement purifiez par solution & at-

tention, par une exacte filtration
& coagulation avec une once de
Sel Geme. Broyez bien le tout ensemble après y avoir ajoûté la ving-
tiéme partie du total de tres-bon
Or en feüilles; ensuite on met le
tout dans un creuset éprouvé, lequel il faut bien clore ou sceller
de bon Lut, & ayant été séché
parfaitement, le mettrez sur un petit
feu pendant deux heures; l'Or se
calcine de telle maniere, que l'esprit de vin le dissout & même l'eau
commune s'il est bien préparé. Enfin
il faut évaporer l'eau & l'esprit de
vin (dans lequel on l'aura dissout)
à petit feu jusqu'à siccité, puis vous
en ôterez les Sels par édulcoration
d'eau chaude & nette, l'Or restera
au fond du vaisseau où vous l'avez
édulcoré, lequel sera propre à faire
plusieurs compositions de couleurs,
en luy donnant un fondant qui luy
convienne pour ce à quoy on le
veut adapter.

Remarques essentielles au sujet des Pourpres.

J'Ay toujours remarqué que l'Or, qui a été allié avec le Cuivre rouge, ou même qui en a reçeu quelques vapeurs avant que d'avoir passé par nos examens, est le plus propre pour faire nos Pourpres ; car il semble qu'il luy a laissé quelque chose de sa teinture qui tend toujours au rouge, au lieu que celuy qui a été joint à l'Argent, ou qui seulement en aura reçeu quelque odeur, donnera infailliblement un Pourpre tres-pâle : voilà une des principales raisons qui m'a obligé de donner des purgations de l'Or, avec tant d'exactitude, afin de le pouvoir affiner soy-même & choisir l'Or à sa propice & à son avantage.

Il est encore à propos d'avertir ceux qui n'ont pas un grand usage de la manipulation des Métaux, que l'on perd souvent beaucoup d'Or dans les édulcorations des dissolutions que l'on en fait ; c'est ce qui m'a obligé de donner une petite intelligence à ce sujet, qui est d'avoir un Entonnoir de verre assez grand, dans lequel on mettra un cornet de papier gris en double feüille, afin qu'il ne se créve pas si facilement : on le pose en cet état sur un Récipient, comme une Cucurbite, placée sur un bourelet & solidement appuyée ; dans cet Entonnoir il faut vuider les dissolutions lesquelles s'écouleront dans la Cucurbite, ou autre Récipient que vous voudrez : l'Or restera immanquablement dans le cornet de papier gris, & par ce moyen, on aura tout le tems & la facilité d'édulcorer les dissolutions sans perdre beaucoup d'Or.

Vous observerez qu'il ne faut pas jetter les eaux du Récipient, parce qu'elles contiennent encore un peu d'Or, lequel, si vous le voulez avoir, vous n'aurez qu'à faire exhaler toute l'humidité au feu, & votre Or se trouvera avec les Sels, qui se peuvent aisément séparer après leur coagulation en cristaux : à l'égard du Pourpre ou l'Or qui reste dans le cornet de l'Entonnoir, après qu'il est assez égouté, il le faut ôter doucement sans le déchirer, puis l'étendre sur deux ou trois fetüilles de papier gris en double l'une sur l'autre, pour dessecher entierement ce reste de votre dissolution ; en sorte qu'il n'y demeure aucune humidité lorsque vous la voudrez réverbérer, parce que s'il y en restoit, elle pourroit gâter votre Pourpre, lequel se corrompt à la moindre vapeur.

Le Lecteur doit être averty en cet endroit, que quoyque je propose souvent dans mes Opérations, de se servir d'Or en fetüilles ou en grenailles, je présupose qu'il entend bien, que ce doit être de celuy qu'on aura purifié, comme je l'ay dit dans mes examens, & que l'on

aura fait réduire en feüilles, lamines ou grenailles ; car autrement
nos purifications resteroient inutiles, & même ce seroit courrir le
risque, de ne point réüssir à faire
vos belles couleurs ; il en doit être
tout de même à l'égard de l'Argent.

J'ajoûteray encore que l'on peut
faire l'eau régale, aussi-bien avec le
Sel Geme, qu'avec le Sel Armoniac
pour la dissolution de l'Or.

Je crois n'avoir rien negligé au
sujet des Pourpres dont est question ; je l'ay jugé à propos comme
étant l'une des couleurs la plus essentielle de nos Ouvrages d'Email,
puisque sans luy toutes les carnations ne valent rien, & même il
semble qu'il réjoüit la vûë dans les
Draperies, où il est spirituellement
employé : parlons à present du Bleu
d'Argent.

Bleu d'Argent, ou de ☽.

ON a long-tems cherché cette teinture avant que de la trouver, elle est aussi des plus essentielles, tres-fixe & permanente au feu : cette teinture m'a beaucoup plus donné de travail que le Pourpre dont nous venons de parler ; je souhaite que l'Artiste à qui je parle, & en faveur de qui j'écris, en puisse faire son profit à mes dépens ; je luy donne volontiers, & ne luy demande rien autre chose que de m'en sçavoir bon gré & je seray content, quoyque je sçache néanmoins, que les Studieux, n'ignorent pas qu'on ne donne point aisément les découvertes qui coûtent beaucoup ; mais je croirois faire un crime de laisser perdre les lumieres que Dieu m'a confiées, & que je crois être obligé de donner au Public comme une chose nécessaire à la Grandeur des Princes.

Voicy l'Opération pour notre Bleu d'Argent.

Prenez cinq livres de bon vinaigre, dans lequel vous metrez six onces de Sel Armoniac, & les verserez dans un pot de terre ou de grais, pour le mieux que ce soit dans un pot de grais assez grand, & ayez deux onces d'Argent de coupelle en lamines tres-minces & déliées, lesquelles vous couperez avec des cizeaux en petites pieces en forme de lozanges ; il faut avoir de la toile cirée, de la largeur de deux fois l'entrée de votre pot, pour le pouvoir couvrir & lier tout autour avec une ficelle ; à l'une des deux parties de cette toile, vous y ferez autant de petits trous que vous aurez de lozanges d'Argent ; cela se doit faire avec une éguille à coudre, ensuite percez ces petites piéces d'Argent, par le bout avec un poinçon, pour attacher un fil à chacunes, & le passerez dans les trous de ladite toile ; vous ferez quelques nœuds au fil pour les arrêter & les suspendre, en sorte qu'elles ne se touchent point ny même à la toile: vous couvrirez le pot de maniere que les lozanges ne touchent point aussi au vinaigre, mais qu'elles en approchent seulement le plus près que vous pourrez; alors vous ficellerez cette toile, autour dudit pot, puis de l'autre partie de cette toile cirée, vous en ferez une seconde couverture, que vous liërez tres-fort, pour que la vapeur du vinaigre, ne se puisse exhaler au travers des trous d'éguille que vous avez fait à celle de dessous pour y attacher les lozanges; cela se fait, afin que rien ne puisse respirer hors du pot, lequel, vous enterrerez en cet état, dans du fumier chaud pendant vingt jours, aprés lequel tems, vous trouverez vos lamines toutes couvertes d'un azur, plus beau que l'Outremer: si vous voulez faire évaporer le vinaigre qui restera dans le pot, vous trouverez encore des

belles féces bleuës, que vous laverez & édulcorerez tres-parfaitement
avec de l'eau chaude, puis les fécher fur du papier gris, fuivant la
méthode que j'ay donné cy-devant,
& même fur un peu de cendres
chaudes, ayant mis votre bleu dans
une petite taſſe de fayance : enfin
prenez garde à la propreté & qu'il
ne s'y mêle aucunes falletez, car
tout votre Ouvrage feroit perdu,
parce qu'il n'y a rien de plus pur
que ces deux couleurs ; ſçavoir,
l'Outremer d'Argent, & le Pourpre
d'Or : enfin éprouvez ce bleu d'Argent avec les fondans dont nous
parlerons dans leur lieu ; en forte
qu'il parfonde à votre gré pour accorder avec vos autres couleurs.

Jugez, Lecteur, ſi ce ne feroit pas
une vraye perte pour les Amateurs
de ce noble Art de ne leur pas ré-
véler de fi belles & fi ingénieufes
inventions ; mais ne doutez point
que je ne fois toujours en crainte
que de fi rares découvertes ne de-

viennent trop communes ; car rien
n'avillit tant les beaux Arts que de
rendre les choses précieuses (qu'ils
produisent(si vulgaires, par exemple,
le Verre n'est-il pas tombé à mépris ? quoyqu'il soit admirable &
fabriqué noblement : il est aisé néanmoins, de remarquer quelle différence il y a entre la délicatesse de
nos Ouvrages & celle-là ; j'ose dire
qu'il ne convient pas à toutes sortes d'esprits d'y travailler, & qu'il
y a quelqu'astres, qui nous condui-
sent en cela pour nous y faire réüssir. Remarquez donc si j'ay beaucoup travaillé pour découvrir toutes ces différentes Opérations qui
m'ont quelquefois empêché de dor-
mir & qui même ne me donnoient
pas le tems de manger par la vi-
gilance & assiduité que j'apportois
à mon travail : je le dis sans conséquence, j'ay quitté toutes autres
fortunes pour vous laisser cette admirable Science où j'ay sacrifié le
plus beau de mon bien, & à ce sujet
essuyé

essuyé des duretez dans ma famille
qui vouloit m'obliger de cesser à
la sollicitation même de mes pro-
ches : cette petite digression ne
vous doit point faire de peines,
étant faite à dessein de vous en-
courager & de vous faire entendre
que pour tirer Cerbere des Enfers,
ce ne peut être que par la vertu,
& qu'il y faut essuyer beaucoup de
peines & de travaux.

Autre Bleu d'Argent.

IL faut prendre de l'Argent de
coupelle qui soit en grenaille, &
l'amalgamer avec quatre fois autant
de Mercure après qu'il aura été passé
au travers du chamois, suivant notre méthode çy-devant décrite en
parlant des Pourpres, & après que
vous aurez fait votre amalgame,
mettez-le dans le même chamois
bien net, par lequel vous ferez
repasser encore ledit Mercure, &
l'Argent restera, lequel vous mettrez dans autant d'eau forte qu'il

D

en faudra pour le diſſoudre ; enſuite étant diſſout, vous ferez évaporer l'eau forte à petit feu, l'argent reſtera au fond du vaiſſeau, lequel ſera de couleur de cendre fort dégoûtante, mais ne vous en étonnez pas ; mettez deſſus autant d'eau de Sel Armoniac qu'il en faudra ſeulement pour le couvrir dans le vaiſſeau qui le contient, puis encore par-deſſus à peu près autant de bon vinaigre diſtillé ; enſuite laiſſez éclaircir le tout & évaporer l'eau & le vinaigre, puis ce qui reſtera dans le vaiſſeau ſoit Cucurbite ou autre doit être bien ſcellé ; en ſorte qu'il n'en puiſſe rien reſpirer ; laiſſez-le dans cet état pendant un mois, alors on peut ouvrir le vaiſſeau & examiner la matiere pour voir ſi le Bleu eſt beau ; ſinon il le faut refermer juſqu'à ce que vous ſoyez contents de votre couleur d'Azur, laquelle vous mettrez ſur un peu de cendre chaude avec de l'eau nette pour édulcorer votre matiere jusqu'à ce que l'eau en sorte insipide : vous devez sçavoir la maniere de faire ces édulcorations, je vous l'ay donnée cy-devant dans quelque remarque. Desséchez ensuite votre Azur sur du papier gris, puis dans un godet de fayance sur la cendre chaude, mais à tres-petit feu ; vous l'éprouverez aprés luy avoir donné son fondant, lequel je diray dans son lieu cy-aprés en parlant des fondans.

Il est à propos de vous dire en cet endroit que l'Argent se peut calciner de la même maniere que l'Or de notre quatriéme Pourpre.

L'Email d'Azur.

Comme on peut se servir d'Email d'Azur ; j'ay jugé à propos de donner la maniere de l'adoucir, parce que voulant l'employer simplement comme on le trouve chez les Marchands, il n'y auroit aucune satisfaction, parce qu'il ne fondroit que difficilement, que sa couleur resteroit toujours louche (pour parler dans les termes de mon Art) & seroit sale & tres-revêche à l'employ : cet Azur se vend chez les gros Marchands Epiciers Droguistes.

Vous en prendrez une demie livre qui soit bien net, vous le laverez avec de l'eau de vie, puis ensuite avec de l'eau nette que vous ôterez par inclination, & le laisserez sécher au Soleil ou loin du feu après l'avoir écarté sur du papier gris à l'ordinaire, ensuite vous y ajoûterez gros comme une féve de Sel Géme ou de Salpêtre tres-fin, & deux fois gros comme ladite féve de belle Aiguemarine ou de Cristal de Venise bien doux : mêlez & broyez le tout dans un mortier, mettez ensuite ces matieres dans un creuset capable, lequel vous porterez au four d'une Fayancerie pour fondre cette couleur qui doit y rester pendant leur feu : quand il sera fondu, cassez le creuset pour avoir votre Azur ; & si quelques parties du creuset y tenoient, faites-les ôter par un Emailleur à la lampe ; cassez encore cette masse en petit morceaux & les pilerez dans un mortier d'Acier, passez-le ensuite dans un tamis moyennement fin, aprés vous le laverez avec de l'eau nette pour en ôter par inclination une espece de bouë qui en sortira avec les Sels que vous y aurez mis ; vous réïtererez jusqu'à trois fois, à le faire refondre sans y rien mettre davantage que seulement de le piler dans le mortier, le passer au tamis & de le bien laver d'eau nette ; alors vous pouvez vous en servir aprés l'avoir bien broyé sur une trenche d'Agate avec sa molette de même pierre ; cela se doit faire avec de bonne huile d'Aspic.

Bleu d'Outremer ou de Lapis Lazuly.

LE Lapis n'est autre chose qu'une pierre qui s'est congellée avec des sels & des fumées exhalées des mines d'Or, d'Argent & de celles de Cuivre; puisqu'il se trouve tres-souvent dans cette pierre du Bleu, de l'Or & du Verd, même du Blanc qui marque la pureté de l'eau dont il a été formé, & qu'il a été tiré trop tôt hors de sa mine, n'ayant pas eu le tems suffisant pour achever toute sa coction : pour connoître qu'il n'est pas entierement parfait quand ces sortes de taches s'y trouvent, il ne s'agit que d'observer (lorsque le Lapidaire le polit) on verra qu'il n'y aura que les endroits tres-foncez de Bleu qui prendront le poliment.

Par cette raison, on peut dire que toutes les pierres précieuses qui font colorées, tirent leur couleur de la teinture des métaux; mais qu'il n'y a rien en elles qui puisse être permanent au feu, puisqu'elles ne tiennent que l'esprit de la teinture du métal & rien du corps, & qu'il n'y a que le seul Lapis qui puisse y résister, parce qu'il contient

beaucoup plus de la substance des
métaux que les autres pierres : la raison de cette forte teinture qu'il contient, est que la terre & l'eau dont
cette pierre est formée, se font trou-
vées propres & comme une pâte
liquide pour recevoir les exhalaisons de la mine, qui sont (pour ainsi
dire) comme l'ame qu'elles ont in-
fuse à cette belle pierre, dont on a
trouvé le moyen de tirer la teinture spirituellement.

Je pourrois en donner les facilitez, mais je crois que cela seroit
tres-inutile, puisqu'il se trouve tout
apprêté chez plusieurs Marchands de
couleurs pour les Peintres ; il est
plus nécessaire de dire comment il
se peut employer dans nos Ouvrages d'Email.

Il faut prendre du verd dont les
Vitriers se servent à peindre sur le
verre (je vous en donneray la façon cy aprés) on broye ce verd
avec de l'eau & non à l'huile d'Aspic, parce qu'elle le gâte ; l'on en

fait la prémiere couche sur la piéce qu'on veut peindre de nôtre Outremer, aprés que ce verd est parfondu: prenez du beau Azur d'Outremer, lequel vous aurez broyé tres-fin avec le quart de son poids de belle Rocaille blanche d'Hollande; vous le coucherez encore sur votre couche de verd parfondu, & que ce soit aussi avec de l'eau, en l'étendant tres légérement & également: enfin si vous voulez imiter le Lapis, lorsque votre piéce d'Ouvrage sera parfonduë, vous pourrez tracer des petites veines d'Or dessus avec de l'Or en coquille, & vous remettrez votre Ouvrage au feu pour la troisiéme fois; mais à cette derniere, il ne faut qu'un tres-petit feu, puisqu'il n'y a rien à parfondre, ce dernier feu n'étant que pour attacher seulement votre Or; alors vous aurez une tres-belle couleur d'Azur qui contrefera le Lapis.

Bleu de Saffre.

LE Bleu de Saffre ne se peut faire qu'aux fourneaux des Verriers où sont les fabriques des Emaux épais : cette matiere tire aussi sa teinture des exhalaisons des mines d'Or, d'Argent & de Cuivre, & l'on pourroit dire (à ce que je crois) qu'il devroit être de la qualité du Lapis, mais qu'il n'a pas eu tant de coction dans la mine, & que néanmoins il est l'Agent qui donne sa couleur bleuë à toutes les pierres de cette couleur : mais à proprement parler, le Saffre ne donne pas une vraye couleur bleuë, car tous les Emaux épais qui sont faits de sa propre substance, tirent un peu sur le gris-de-lin, & c'est ce qui nous doit faire connoître que cette teinte ne peut provenir que des exhalaisons où il y a de la mine d'Or mêlée de celle d'argent & de cuivre.

Cette couleur est tres-bonne, mais

seulement pour être mêlée dans différentes compositions de teintes &
avec d'autres Emaux épais ; c'est
pourquoy il est inutile d'en donner
icy la composition : car on le trouve
tout fait chez les Marchands, & il
ne s'agit que d'en faire l'épreuve,
parce que souvent il s'en trouve qui
ne parfondent pas aisément, ainsi
que de tous les autres Emaux épais
ou en pain ; lorsque cet inconvé-
nient se rencontre, le reméde est
de les faire courroyer & adoucir par
un Emailleur à la lampe, qui les tirera en petites verges ou bâtons,
en leurs donnant un peu plus de
fondant de quelque beau Cristal
tendre, puis vous éprouverez pour
les accorder avec vos autres Emaux
durs : voilà tout ce que je puis dire
à l'égard des bleus ; seulement je
vous donne avis, que vous trouverez presque de tous ces Emaux épais
chez les Marchands Fayanciers.

Des Verds.

ON trouve plusieurs sortes de Verds d'Emaux durs, mais tres-peu qui soit propre pour peindre ; parce que la plus grande partie n'ont presque point de teinture, qui est néanmoins ce qui leur devroit donner du corps, & n'en ayant point, ils nous deviennent comme inutiles ; car ce sont ces teintures que nous devons rechercher en eux, puisque nos travaux sont perdus, aprés les avoir employez sans qu'ils eussent ces teintures.

C'est donc pour cette même raison que je me sens obligé de vous avertir une fois pour toutes, que ceux qui seront les plus chargez de teinture, sont les meilleurs ; sçavoir, les noirs, les couleurs d'olives, les gris-de-lins, les couleurs brunes pour faire les cheveux, les verds, &c.

Composition du Verd gay, I.

JE commence par la composition du Verd gay, lequel est des plus précieux pour servir à fortifier presque toutes les couleurs de son genre, & qu'il fait des merveilles lorsqu'il est employé modestement dans les carnations.

Vous prendrez du beau Verd en pain qui soit mat, mais d'une belle couleur claire, & autant pesant de cendre verte, après que vous l'aurez calcinée, comme je le diray dans la suite : prenez aussi autant de beau Cristal de Venise que le poids de votre cendre verte calcinée ; mêlez bien le tout ensemble dans un mortier d'Acier, puis mettez-les dans un creuset & les faites fondre à grands coups de soufflets, ensuite cassez le creuset pour avoir votre Verd que vous pilerez dans le mortier d'Acier, le passerez au tamis, le laverez & sécherez à l'ordinaire : mais pour l'avoir parfait, il est nécessaire de le refondre encore une fois, le repiler & laver comme vous aurez fait ci-devant.

Autre Verd, II.

PRenez du Verd dont les Vitriers se servent pour peindre sur le verre, autant d'Email jaune en pain du plus clair, & autant pesant que l'un ou l'autre de belle cendre verte calcinée; mêlez bien le tout ensemble, mettez-les dans un creuset, faites fondre à fort feu, & le reste comme cy-dessus.

Autre Verd, III.

ET afin que vous en ayez de différentes teintes, vous ferez en sorte de trouver chez les Marchands d'Emaux, du Verd clair en pain, qui soit bien chargé de teinture, & vous le mêlerez avec autant pesant de jaune clair & mat, couleur de stil de grain, fondez, &c.

Autre Verd, IV.

ENfin voicy encore une autre sorte de Verd; prenez de belle Aiguemarine bien couverte de teinture, & du même jaune que je viens de dire cy-dessus, partie égale que vous fondrez, laverez, &c.

Vous broyerez tous ces Verds à l'huile d'Aspic pour vous en servir après que vous les aurez éprouvez & accordez avec vos autres couleurs, d'autant qu'il faut qu'elles soient toutes d'une égale fonte.

Des Jaunes.

IL n'y a que deux sortes de Jaunes; sçavoir, le couleur d'Ocre jaune, & celuy couleur de Stil de grain clair : nous n'avons affaire que de ces deux desquels nous composons différentes teintes avec plusieurs autres couleurs, comme vous le connoîtrez dans la pratique.

Pour les avoir bons, vous observerez de choisir celuy qui a quelques petites veines blanches d'où il fort comme un Sel, il eſt ordinairement aſſez bon; mais ſur tout ne les employez jamais à vos Ouvrages, ſans les avoir éprouvez & accordez avec vos autres couleurs d'Emaux durs.

Des couleurs de Cheveux.

JE ne vous diray icy que peu de choſe de ces couleurs que les Venitiens appellent Emaux couleur Caveline; mais ſeulement, que je me perſuade que vous aurez de la peine à croire qu'elles ſe font avec du cœur de bois de vieux chênes pourris depuis un tres-longtems, & qu'il eſt néceſſaire de trouver dans le même arbre encore ſur pied,& remarquez auſſi, qu'il faut que cet arbre, ſoit planté dans une terre vitriolée, & que cette pourriture de cœur de bois, ſoit tellement pénétrée qu'elle en ſoit preſque pétrifiée, autrement ſa teinture ſe perdroit au feu: ces Emaux de bois pourris font tres-rares, & ne se peuvent faire que dans les fourneaux de Verreries ; il vous doit suffire que je vous en indique & vous en découvre le fond, cela seul vous doit faire plaisir.

Cette couleur me donnera lieu de m'étendre plus que je ne pensois à son sujet, & de vous dire que les terres vitriolées ne sont pas seulement capables de transmuer les arbres & les plantes en métal, mais encore les cadavres qui s'y trouvent ensevelis pendant un long espace de tems : on trouve beaucoup de preuves de ce que j'avance; j'en ay vû quelqu'unes, entr'autres celle qui est au cabinet de Monseigneur le Grand Duc de Florence, & à Rome dans un Convent de Religieux qui me firent voir un Moine mort depuis quarante ou cinquante ans, lequel étoit tout entier, mais dur comme de la pierre, & je ne doute point que si ce corps étoit resté un tres-long-tems dans la même terre d'où on le venoit de tirer, il n'eut pû se pétrifier parfaitement : & un Marchand qui est digne de foy, m'a dit avoir vû dans le cabinet d'un Seigneur d'Allemagne un corps mort dont la plus grande partie est pétrifiée : on voyoit autrefois dans le cabinet d'un Curieux à Sens en Bourgogne un petit enfant entierement pétrifié, & rien ne peut mieux certifier ce que je viens de dire, qu'un pieu de bois que l'on a trouvé depuis quelque tems en Italie, lequel est partie de fer, partie de cristal & l'autre partie de pierre, avec encore un peu de bois qui n'a pas eu le tems de se pétrifier, ou qui n'a point trempé dans la matiere pétrificative : si je ne craignois icy d'ennuyer l'Artiste à qui je crois donner occasion de méditer, il y auroit lieu en cet endroit de philosopher ; je le prie seulement de me permettre de dire mon sentiment, craignant de ne pas trouver ailleurs l'occasion de

le faire, & je me flate qu'il n'en
sera pas fâché, puisque ce n'est que
pour son instruction & au sujet du
bois pourry, en luy voulant donner
à connoître que le bois se peut fixer & changer en métal, étant
abreuvé long-tems d'un Vitriol, &
que si ce Vitriol tend à l'Or, le
bois deviendra Or, & ainsi des autres Métaux.

Enfin on ne doit faire aucun
doute que les matieres métalliques
qui sont inconnuës dans les eaux,
ne soient si subtiles qu'elles ne puissent pénétrer toutes sortes de corps,
de même que quand le Soleil passe
au travers d'une vître, & qu'il en
est de même de celles qui se trouvent dans la terre avant leur con-
gellation : quelques Studieux ont
spirituellement remarqué, que ces
matieres métalliques, ne se distin-
guent des autres eaux que de la
même maniere que l'huile se sépare
de l'eau commune, & j'espere vous
le faire connoître par quelques pe-

tites opérations que nous devons
faire au fujet de nos rouges d'A-
cier ou de Mars ♂. où je vous in-
vite de porter votre attention quand
nous y travaillerons, en remarquant
la maniere dont fe forme la Pélicule, fur la fuperficie de notre dif-
folution, lorfque nous en ferons des
Criftaux ou des Vitriols.

Des Noirs durs.

TOus les Emaux épais nous
peuvent fervir, & ils fe trouvent chez les Marchands : à l'égard
des Noirs, il y en a de deux fortes ; fçavoir, du Pourpré & de l'A-
zuré : choififfez toujours le plus chargé de teinture & qui parfonde aifément ; ils ne fervent prefque jamais que pour faire des compofi-
tions de teintes, parce qu'ils s'éva-
porent facilement au feu, fur tout
lorfqu'ils font employez délicatement ; mais nous allons fuppléer à
leurs défauts par mes nouvelles découvertes.

Premier Noir dur composé.

IL faut avoir du Périgueur que vous calcinerez plusieurs fois, & à chacune vous l'éteindrez (sortant du feu) dans du bon vinaigre, puis le laverez tres-bien & le sécherez à l'ordinaire ; donnez-lui son fondant, tel & jusqu'à ce que vous l'ayez accordé avec vos autres couleurs dures, ensuite mêlez moitié d'Email noir en pain, ou pourpré ou azuré, suivant que vous jugerez à propos, & pour ce que vous en aurez affaire, parce qu'ils sont tres-différens, & l'autre moitié de celui que nous venons de composer de votre Périgueur dont le fondant doit être d'Aiguemarine.

Et vous devez remarquer que pour durcir les Périgueurs, afin quils puissent être employez avec nos Emaux durs, on les doit calciner à un feu tres-fort, & qu'ils y soient long tems, car autrement ils ne se soutiendroient pas.

Second Noir composé.

PRenez la quantité que vous voudrez d'Email d'Azur dont les Peintres se servent, vous le mêlerez avec le quart de son poids d'Ecailles d'Acier , lesquelles se trouvent au bas des enclumes des Couteliers , ou bien faites-les vous-même en brûlant des petites plaques d'Acier que vous ferez applatir par quelque Forgeron; mais souvenez vous de le bien calciner, autrement il gâteroit tout.

Broyez bien ces deux matieres ensemble avec trois fois autant pesant que les deux de belle Aiguemarine, mettez-les dans un creuset bien couvert, & au fourneau pour le fondre à grand feu & grands coups de soufflets; laissez-le un peu de tems dans le feu après qu'il sera fondu, afin qu'il se mitonne & couroye, & laissez éteindre le feu doucement, alors tirez le creuset & le cassez, puis pilez la matiere &

la lavez à l'ordinaire ; vous broyerez ce noir avec de l'huile d'Alpic tres-subtile, & l'éprouverez ; si elle étoit trop dure, vous y ajoûterez un peu de Rocaille jaune par discretion, pour faire en sorte de l'accorder aux autres couleurs.

Troisiéme Noir dur composé.

Voicy le plus beau, le plus solide & le plus fixe de tous les Noirs durs, & qui est le plus facile à employer : je me suis tourmenté pendant plus de dix ans pour le trouver & le mettre dans l'état que je vous le donne.

Autrefois les Emailleurs de Limoges ont négligé cette belle partie de l'Email, je veux dire les Emaux fixes, lesquels ils sentoient bien qui leur manquoient : s'ils les avoient eu, nous trouverions aujourd'huy des pieces merveilleuses de ces habiles Maîtres ; mais ces principales couleurs leur manquant, ils ne nous ont rien laissé de délicat en petits Portraits : tout ce qu'ils ont pû faire, n'a été que d'en produire quelqu'uns en grand, comme tant d'autres Ouvrages merveilleux, aufquels ils employoient leurs Emaux fi épais, qu'ils ne fe pouvoient exhaler au feu, quelque chaud qu'ils leurs donnaffent ; quoiqu'à ce fujet, ils fuffent obligez de prendre des précautions pour les empêcher de couler.

Quand ils ont voulu travailler à des petits Portraits, ils faifoient de vrais galimatias d'Emaux durs, avec des Emaux flinquez, qui à la vérité étoient beaux, mais qui n'avoient aucuns accords l'un avec l'autre, quoiqu'affez bien deffinez ; ils y en avoit quelqu'uns d'entr'eux qui étoient tres-habiles du tems que Raphaël d'Urbain vivoit, lequel a bien daigné employer de fa main quelqu'unes de leurs couleurs, car il ne les fçavoit pas faire : je ne puis m'empêcher de dire en cet endroit & par occafion , que ces

habiles Ouvriers Limofins, ont eu
grand tort d'avoir rendu leurs fe-
crets fi vulgaires & communs, même jufqu'à ce point, que la plus
grande partie de leurs Ouvrages
en font tombez dans une efpece
de mépris, parce que toutes fortes de mauvais génies y ont été
employez, lefquels n'avoient aucun goût, ni de Deffein, ni de
Peinture, & même leurs couleurs
dégéneroient de beaucoup de celles
de ces habiles Maîtres dont je viens
de parler : ils ont donc détruit ce
noble Ouvrage, lequel on n'auroit
dû laiffer pratiquer, que par des
perfonnes dans lefquelles on auroit
connu toutes les qualités requifes,
& qui n'auroient eu en vûë que la
gloire, & non pas que ces Ouvrages fuffent donnez à vil prix ; car
il eft impoffible qu'un habile &
honnête homme le puiffe faire : il
feroit donc à fouhaiter que les perfonnes qui ont cet admirable talent, fuffent tenus tres-rares, par
rapport

rapport aux Portraits des Monarques & des Princes, qui ne devroient leur permettre de travailler à ces sortes d'Ouvrages, pour d'autres que pour eux; parce que en travaillant pour le Public, ces précieux Ouvrages se rendent trop communs: peut-on disconvenir, que rien n'accompagne si gracieusement les presens des Rois & des Souverains, que leur Portrait d'Email, lequel ne cede point aux Pierreries, qui tres-souvent les renferment, pour couronner celuy qu'il represente, aussi-bien que la grandeur de leurs presens; mais je voudrois aussi que celuy qui se destine à ce noble talent, n'eût en vûë que l'honneur, & regardât le gain avec mépris, puisque ce n'est absolument que luy qui avilit les plus beaux Arts, & même souvent les Artistes: qu'on ne traite donc point mon noble Art de mécanique, parce que je crois que tout ce qui se fait par poids, nombre & mesure, ne doit point être mis en ce rang : je crains en cet endroit d'avoir un peu trop dit, & que quelqu'envieux ne le trouve mauvais, cela ne m'étonnera nullement, sçachant que la Science n'a point de plus grand ennemy que l'ignorance.

Revenons au beau Noir dont est question, & qui m'a tant exercé : il faut prendre partie égale de Maganeze & de Cuivre brûlé, la Maganeze se trouve chez les Marchands Droguistes, & le Cuivre brûlé chez les Chaudronniers, ou bien faites-le vous même, il vaudra toujours mieux : pour le faire on prend des petites feüilles de Cuivre rouge tres-minces, que l'on fait brûler, & les petites Ecailles qui se trouvent dessus, c'est ce que nous demandons ; mais prenez bien garde que ce Cuivre soit bien calciné, broyez ces deux matieres dans le mortier d'Acier, avec autant pésant que les deux de fondant Bleu, dont je vous donneray la compo-

fition cy-après, lorſque je parleray
des fondans, & autant péſant que
le tout, d'Azur le plus foncé en
couleur que vous pourrez trouver :
fondez toutes ces matieres dans un
creuſet proportionné ; étant fon-
duës, caſſez le creuſet pour en tirer le Noir, lequel vous pilerez
dans le mortier ; lavez bien ce Noir,
il en ſortira une bouë aſſez ſalle ;
ſéchez votre matiere ſur le papier
gris, puis la rèmettez dans un creuſet, & refondez, broyez & lavez
de cette ſorte juſqu'à trois fois :
cela ſe fait pour accoûtumer cette
couleur à être permanente, & fixe
au feu & à nos Ouvrages ; vous aurez le plus beau Noir qui ſe puiſſe
jamais voir, & le plus fixe ; enſuite
pour l'accorder avec les autres couleurs, on y ajoûte un peu de Rocaille, en le broyant ſur l'Agathe
avec de l'huile d'Aſpic.

Couleur de Bois.

CEtte couleur est assez ingrate, mais elle peut servir dans l'oc-casion, & l'on s'en sert, quand on le juge à propos.

Prenez de la Couperose blanche, & la calcinez dans un creuset plat, dont je vous donneray la maniere de faire ci-après, en parlant de la préparation de la terre dont on doit faire les mouffles : il faut donc cal-ciner cette Couperose à tres-petit feu sous la mouffle, parce qu'elle se gonfle & s'éleve beaucoup, se durcissant comme de la pierre, si vous ne la retirez promptement, & aussi-tôt que vous verrez qu'elle sera fonduë, alors vous la pilerez dans le mortier d'Agathe avec son pilon, & ensuite la remettrez au feu pour la calciner un peu davan-tage, jusqu'à ce que vous la voyez changée de couleur : retirez-la & recommencez à la broyer comme auparavant ; remettez-la au feu &

luy donnez plus chaud : il faut la retirer, broyer, remettre encore au feu, & la pousser à une grande & extrême chaleur, jusqu'à ce que vous trouviez la couleur de bois à votre gré ; alors lavez-la comme à l'ordinaire, luy donnez son fondant, & l'éprouvez : cette couleur n'est pas fort permanente au feu, & je vous la donne dans l'espérance, que quelqu'autre que moy la pourra porter à une plus grande perfection : car il est constant que tous les esprits ne sont pas dans une même tête ; je crois que ceux qui voudront y parvenir, comme à plusieurs autres expériences, ce ne peut être que par le moyen des Sels, dont je vais vous donner une partie des merveilleuses qualitez, tant pour trouver nos couleurs, que pour un nombre infini de choses curieuses, pour exercer les plus beaux esprits.

Qualitez des Sels.

J'Entreprends peut-être plus que je ne devrois, mais j'ouvre le chemin, pour donner occasion à quelqu'autres de pousser plus loin que moy dans la découverte des admirables qualitez des Sels, de quoy ils sont capables, & ce qu'ils sont.

Il y a autant de sortes de Sels, qu'il y a de différentes Créatures sur la terre & dans ses entrailles; vous jugerez bien par là de la difficulté qu'il y a de les connoître tous, aussi ne parleray-je que de ceux qui sont à ma connoissance.

La *Couperose*, dont je viens de parler, est un Sel, lequel est tiré du Cuivre.

Le Sel *Alcali*, est tiré de quelques herbes qui croissent dans des lieux Salineux.

Le Sel de *Tartre*, que tout le monde connoît, est tiré du vin, & c'est lui qui lui donne son aimable saveur.

Le Sel *Armoniac*, est tiré, ou extrait du sang, de la chair & des urines des animaux.

L'*Alun*, est un Sel de mine, qui n'a point encore pris d'autre qualité, que de Sel mineral indécis.

Le *Borax*, est un Sel minéral, lequel les Anciens avoient véritable; il étoit verd, comme il l'est encore, mais on ne nous le donne pas vrai, parce que pour le multiplier, on a trouvé l'invention de le blanchir, & ceux qui la possédent, la tiennent fort secretre.

Ce Borax, étoit ce que les Anciens appelloient *Crisocola*; son verd clair est tres-beau: il se trouve autour des mines de Cuivre & de Saffre.

Le *Sublimé*, est un Sel minéral, auquel il ne se faut pas fier, étant poison, mais qui fait des merveilles dans la calcination des Métaux, sur tout donnez vous-en de garde.

Le *Vitriol*, est un Sel minéral, il est la substance des Métaux.

Le *Nitre*, est un Sel, dont tous les autres prennent leur origine.

A la vérité, je ne finirois point, si j'étois obligé de les nommer tous, parce qu'il y en a autant qu'il y a de différentes odeurs & saveurs.

S'il n'y avoit point de Sel dans les plantes, soyez persuadez que nous ne pourrions jamais faire nos Emaux, & c'est ce qui m'oblige de vous en parler, afin que vous ayez le moyen de les méditer au sujet de l'Ouvrage que je vous donne.

Pour vous donner un abregé de leurs plus essentielles qualitez, il est nécessaire que je vous en fasse un petit détail, & je crois que vous n'en serez pas fâché; même je me flate que toutes les personnes de bon sens le trouveront véritable.

Le Sel blanchit, il durcit, il préserve de putréfaction, il donne saveur; c'est un mastic qui lie & assemble les matieres minérales; sans luy, les Métaux n'auroient ni son ni voix.

Le Sel nous facilite la fonte de toutes choses pour les rendre en verre.

L'Alun que j'ay déja nommé, a la faculté de tirer à luy la couleur ou teinture du bois de Bréfil, de la noix de Galle, & de nombre d'autres chofes ; il dégraiffe auffi-bien les Métaux que les draps, pour leurs faire prendre la couleur.

Il y a de certains Sels, qui endurciffent les ferremens à la trempe. Le Sel abonde le plus dans les os, puifqu'il n'y a point de pierres qui réfiftent au feu auffi-long-tems que les os des animaux.

Bien plus, fi on examine bien les eaux, on trouvera que ce qui les rend bonnes à boire aux animaux, ce font les Sels qu'elles apportent avec elles des lieux fouterrains où elles paffent, & d'où elles fortent : car il n'y a aucunes parties de la terre, qui n'ayent quelques Sels différens les uns des autres, & c'eft fans doute ce qui donne tant de différentes fortes de générations : l'on voit tous les jours que les vertus des eaux propres pour les Teinturiers, ne viennent que des Sels qu'elles prennent en paſ- fant dans les terres d'où elles for- tent.

De plus, n'eſt-ce pas l'eau cou- rante, qui en courant, porte avec elle la congellative, pour la diſtri- buer dans tout l'Univers, & en faire les congellations de différentes eſ- peces, tant des métaux, mineraux, fruits, que de fleurs & autres ? tous ces enchantemens merveilleux cer- tainement ne ſe font, que par les différens Sels congellatifs, qu'elle diſtribuë à chaque Région dans ſa circulation, & par tout où elle paſſe ; ce qu'elle fera tant que le monde ſera monde.

Enfin mon entrepriſe m'oblige de dire, que l'eau commune porte un Sel viſible avec elle, que je nom- merois volontiers cinquiéme Elé- ment, pour en premier lieu com-

poſer, comme elle fait, toutes fortes de minéraux, qui n'étant encore que tels, ſont ſujets à s'évaporer, parce qu'ils ne ſont compo-
ſez que de cette ſimple eau, qui
contient ce Sel ou eſprit volatil, &
exhalatif ſimplement, & qui eſt la
cauſe qu'ils ſont auſſi ſuſceptibles,
qu'elle au feu, puiſqu'elle ne leur
a rien laiſſé de permanent ; & je
pourrois dire encore, ſans ennuyer
mon Lecteur, que ſi quelqu'un pouvoit avoir aſſez d'induſtrie pour diſtinguer les ſaveurs, les couleurs &
les vertus, auſſi-bien que les plantes les ſçavent débroüiller & tirer
de la terre, celuy-là pourroit certainement faire & produire toutes
ſortes de métaux, parce que cet
admirable manœuvre ne ſe fait, que
par ce Sel, duquel j'ay dit que je
propoſerois volontiers la faculté d'un
cinquiéme Elément.

Du Sel Nitre.

PUisque je parle des Sels, l'Artiste ne doit point être fâché, que je lui fasse connoître que le Sel Nitre, est préférable au Salpêtre pour les compositions de nos Emaux, parce qu'il ne fulmine ni ne s'évapore point, quelque grand feu qu'on lui puisse donner, & qu'il est tres-fixe, ayant déja été fondu.

Du Borax.

QUand j'ay parlé ci-dessus du Borax, je n'en ay pas dit la qualité à l'égard de nos Emaux; sçachez donc que si vous le faites fondre dans un creuset, & qu'après être fondu, on en mêle tant soit peu dans les compositions, en les fondant, il les rend plus aisez à parfondre au travail.

Des Bois pourris.

A L'égard des Bois pourris, je me suis réservé en cet endroit, à dire que leurs Sels peuvent donner leurs couleurs aux eaux congellatives, qui se rencontrent où les Sels de ces Bois s'écoulent, quoique ce soit même dans les eaux communes ; & l'on pourroit croire, que les pierres noires & d'autres couleurs brunes prendroient leurs teintures de cette sorte, comme par exemple, ne viendroient-elles point de quelqu'arbres , dont la teinture est noire, de même que ceux qui portent la noix de galle, sur tout, celles qui sont noires, & encore d'un autre arbre, lequel on appelle de Laune ou Vergne, qui donne aussi des teintures noires? Ce ne peut être assûrément que par leurs Sels, qu'ils peuvent donner leurs teintures aux lieux où ils croupissent & pourrissent ; mais ces Sels sont volatils, c'est ce qui fait, que ces sortes de couleurs n'ont rien de fixe ni de permanent au feu : il en est de même à l'égard des Pierres précieuses , toute la différence est, que leurs teintures proviennent d'un écoulement d'eau teinte, pour avoir passé par des mines métalliques dont elles ont aporté les Sels, chargez de leurs teintures ; par exemple encore, la couleur des Emeraudes ne peut provenir que d'une eau qui a passé par quelque mine de Cuivre ou de Couperose, & les autres de même.

Des Fondans.

LE *Saffre*, est une terre fixe comme l'Or, & qui même se prend dans ses mines : j'ay dit cydevant que ce Saffre fait le fond des Emaux de couleur d'Azur, qui tire un peu sur le gris-de-lin ; il ne nous peut servir que pour faire un fondant, ainsi que je le vais dire.

L'on prend du Saffre bien lavé, & nettoyé des ordures qui y peuvent être, avec autant pesant de beau sablon d'Etampe, & autant de l'un que de l'autre, de tres-pur Sel de Tartre, ou de Verre, ou de Geme; mais afin qu'il parfonde encore plus aifément avec vos couleurs, vous y ajoûterez un tiers de plus de l'un ou l'autre des Sels que je viens de dire: vous mêlerez bien le tout enfemble, & le mettrez dans un creufet neuf, que vous couvrirez exactement, puis le mettrez au fourneau de fonte, à feu affez violent, & à grands coups de foufflets : étant fondu, verfez votre matiere toute chaude dans le mortier d'Acier ou de Bronze, afin de ne point caffer votre creufet qui vous pourra encore fervir une autre fois.

Puis pilez ce fondant au mortier d'Acier, paffez-le au tamis, lavez & féchez, &c. alors vous aurez un tres-beau fondant pour toutes vos couleurs brunes.

Fondant pour les Pourpres.

JE vous en donneray de plufieurs fortes, parce que ce qui convient à l'un, quelquefois ne convient pas à l'autre : pour cet effet, vous prendrez une partie de Sablon d'Etampe, & quatre fois autant péfant de Minion, & autant de tres-pur Sel de Tartre, que de Sablon ; fondez, pilez & lavez, &c.

Autre fondant dur.

CEluy-ci eſt tres-beau, mais il y a un peu plus de façon qu'aux autres, à cauſe des pierres à fuſil qu'il faut calciner, en les rougiſſant au feu, puis les éteindrez dans de l'eau froide, juſqu'à deux fois, afin qu'elles ſe mêlent, & broyent plus facilement.

Vous prendrez une demie once de cette calcination, & autant de criſtal de Veniſe, & encore demie once de tres-pur Sablon d'Etampe ; ſur tout cela vous ajoûterez une once & demie de Sel Nitre, ou de tres-pur Sel de Tartre : fondez le tout, pilez & lavez, &c.

Autre fondant pour les couleurs brunes.

PRenez du Sel Nitre, & deux fois autant pesant d'Antimoine; faites-les fondre comme j'ay dit ci-dessus, ensuite pilez, lavez, &c. je me suis tres-souvent servi de cristal de Venise seul par nécessité; sur cela, chacun a son génie: c'est pourquoy je vous en donne de plusieurs sortes.

Voilà ce que je puis dire quant aux fondans pour les Emaux durs, qui servent à ébaucher nos Ouvrages.

Pourpre tanné dur.

AVant que de parler des fondans pour nos couleurs tendres; il est à propos de poursuivre mon discours touchant les Emaux durs, pour ne les point confondre les uns avec les autres.

Cette couleur de Pourpre tanné, est une des plus belles & des plus excellentes compositions de tous les

Emaux ; elle m'a coûté beaucoup de peines pour la trouver, la regardant comme une couleur essentielle qui me manquoit, & dont je ne me pouvois passer que difficilement : en voicy la façon & la composition qu'il faut suivre exactement, parce qu'elle est fort susceptible, & que manquant à la moindre circonstance, elle ne réüssiroit pas.

Prenez-bien garde, en la faisant, qu'il n'y ait aucuns charbons qui fument, car elle seroit infectée de leur vapeur.

Vous prendrez de votre Pourpre fulminant, la quantité que vous jugerez à propos, avec six fois autant pesant de tres-pur cristal de Venise ; broyez-les ensemble fort long-tems pour éviter sa fulmination.

Mêlez-y tant soit peu de Sel de Tartre, & fondez le tout dans un petit creuset plat, ensuite pilez, lavez, &c. cecy est pour la premiere fonte.

De plus, il faut mêler cette matiere fonduë, avec autant pesant de beau jaune d'Email en pain, couleur d'Ocre, pour en faire une tres-belle couleur Isabelle, & plusieurs autres teintes, en la proportionnant avec du même jaune que je vous viens de dire, pour la rendre plus ou moins foncée à votre volonté : vous devez être assuré que cette couleur est tres-fixe & permanente au feu, quelque chaud qu'on luy donne, mais il la faut toujours conformer à la fonte de vos autres couleurs.

Prenez derechef cette même couleur, ajoûtez-y un grain d'Or fulminant, avec encore trois grains de Cristal, & broyez long-tems le tout ensemble, parce qu'autrement l'Or fulmineroit encore infailliblement, ainsi que je l'ay déja dit, refondez, pilez, &c.

Après quoy vous ajoûterez encore sur cette matiere un grain d'Or fulminant, & broyez tout ensemble pour la troisiéme fois , & refondez comme cy-dessus , mais pourtant après l'avoir bien pilé au mortier d'Agathe , car autrement l'Or fulmineroit encore.

Etant fondu , recommencez pour la quatriéme fois à y mettre un grain d'Or fulminant , refondez & rebroyez tres-long-tems : étant ainsi fondu & refondu tant de fois , vous le pilerez , laverez , le passerez au tamis , &c. puis le broyerez à l'huile d'Aspic pour l'éprouver & vous en servir.

Couleur Violette dure.

LA teinture ou pourpre d'Or, mêlée avec nos bleus d'Ar‑ gent de coupelle , font toujours une couleur Violette , merveilleusement belle , & ces deux teintures , avec leur fondant feront aussi toujours un fort bon effet , lorsque vous les mêlerez à telles sortes de teintes que vous voudrez , & soutiendront même les autres couleurs , avec les‑

quelles vous les mettrez ou mêlerez.

Des Emaux épais.

TOut ce que nous pouvons dire à présent, c'est que l'on fait des teintes de tous les Emaux épais, comme dans toutes sortes d'Ouvrages de Peinture : il ne s'agit que d'en faire des essais sur des petites piéces de Cuivre, émaillées de blanc, comme je l'enseigneray, en parlant de la façon d'émailler les plaques d'Or & de Cuivre, pour peindre nos Portraits & autres Ouvrages d'Email.

Composition pour des fonds.

ORdinairement les fonds des Portraits sont couleurs d'Olives, plus ou moins clairs, voicy comme ils se font.

On prend une partie d'Or fulminant, & six fois autant pesant, de jaune en pain couleur d'Ocre, & la sixiéme partie du tout, de beau noir pourpré, avec un gros de Criſtal de Veniſe (en cas que vous n'ayez mis que deux grains d'Or fulminant) s'il y en a davantage, vous augmenterez le Criſtal à proportion : ajoûtez à cette compoſition un peu de Sel Nitre, puis mêlez bien le tout enſemble, & le fondez ſous la mouffle, dans un creuſet plat : étant fondu, pilé, &c. & enſuite vous l'éprouverez.

Pourpre des Peintres ſur Verre.

AFin de ne rien omettre au ſujet de cet Ouvrage ; je vous diray pour notre commune ſatisfaction, que ce Pourpre eſt d'un Violet à faire plaiſir, & que l'on s'en peut ſervir dans nombres de compoſitions de teintes, & même pour donner du corps aux autres couleurs.

Quand on eſt à l'Ouvrage, on examine les outils qui y ſont propres, & dont on doit ſe ſervir.

Prenez une partie de Périgueur, & deux fois autant peſant de mine

de plomb, avec ſept fois autant
peſant que le tout, de beau Sablon d'Etampe : ajoûtez ſur ce tout
encore, une fois & demie autant
de Salpêtre raffiné, que de périgueur & de mine de plomb, leſquels vous mêlerez intimement enſemble, & les mettrez dans un
creuſet neuf, puis fondez à l'ordinaire, pilez, paſſez au tamis,
&c. & éprouvez.

Autre Violet des Vitriers.

COmme je n'ay rien voulu oublier de ce qui peut aider les
Amateurs de notre Art, j'ay crû
devoir leur donner encore une autre couleur violette, afin qu'ils
puiſſent choiſir celle qui leur conviendra le mieux.

Prenez du Périgueur, & trois
fois autant peſant de Sablon, avec
la troiſiéme partie du tout, de Salpêtre raffiné, & fondez-les comme
deſſus, après pilez &c. refondez &
repilez par trois fois, & même plus,

s'il le faut, enfin jusqu'à ce que la couleur vous agrée.

Il me paroît inutile à présent, de vous donner un plus grand nombre de couleurs, puisque vous pouvez trouver dans celles que je vous ay déja données, suffisamment de quoy vous assortir, & composer toutes sortes de teintes.

Supposant que je parle à des personnes qui ne sçavent pas peindre en Mignature ; j'en ay fait exprès un Traité au commencement de cet Ouvrage, par lequel je conseille à ceux qui veulent peindre en Email, de commencer, autrement je crois qu'ils y perdroient leur tems, parce que je sçay parfaitement bien que c'est l'Alphabet, pour parvenir à la perfection de la Peinture en Email, dont je vais donner les Préceptes & les Principes pour mon second travail, concernant les couleurs tendres, avec lesquelles nous finissons nos Ouvrages.

De

De l'Email blanc.

AYant fort peu parlé de l'E-
mail blanc au commencement
de ce Livre, j'ay crû devoir marquer icy plus amplement, comment
il le faut choisir, suivant l'Ouvrage qu'il est question de peindre dessus; car les fabriquans les font exprès de deux sortes; sçavoir, l'un
qui est un peu jaunâtre, & l'autre
qui tire un peu sur le bleu : ces
différens Emaux sont seulement pour
les Portraits, parce que le jaunâtre est avantageux pour les hommes,
& le bleu pour les belles chairs de
femmes.

Je crois avoir déja dit, que ce
sont les gros Marchands de fayance
qui vendent les Emaux en pain,
parce qu'ils les font venir de Venise ou d'autres lieux, qui sont en
réputation de ces sortes d'Ouvrages.

F

Blanc à rehausser.

CE blanc est quelquefois utile pour donner des petits coups de rehauts, soit dans les chairs ou dans les linges, & même pour remédier aux œillets que l'Email pousse au feu, & qu'il faut crever, comme je le diray dans son lieu, au sujet d'émailler les plaques.

Ce blanc se fait avec du bon Etain fin, que l'on calcine par le moyen du plomb, comme je l'ay dit autre part : on luy donne son fondant de rocaille d'Hollande, ou d'un beau Cristal de Venise qui soit bien tendre.

Et pour finir le sujet de nos couleurs dures, je conclus en disant que l'Email n'est qu'une pierre artificielle composée.

Qu'un des meilleurs avis que je vous puisse donner, est que dans les compositions de toutes nos couleurs en general, lesquelles on trouvera trop dures à parfondre ; oi pourra y ajoûter tant soit peu de rocaille en les broyant.

De l'Ail.

JE ne sçaurois trop prendre de précautions pour instruire mes Eleves, les avertissant que quand ils voudront travailler à nos Emaux, de ne point manger d'ail ni d'oignons cruds, parce qu'ils gâteroient leurs Emaux, & qu'ils auroient de la peine à les faire prendre sur l'Email blanc, & même si celuy qui émaille les plaques d'Or ou de Cuivre, a l'haleine puante, il doit être assuré que l'Email ne tiendra pas dessus, & se recoquillera au feu.

Voyez, cher Amateur, quels soins j'ay pris pour vous faciliter toutes ces belles inventions, qui m'ont mis en état de travailler avec assurance à la perfection de mes Ouvrages : si je me fais un plaisir de vous les communiquer, c'est dans l'espérance que j'auray quelque part dans votre souvenir.

Il s'agit seulement icy d'un peu d'attention, ayant fait mes remarques, pour vous obliger de faire de profonds raisonnemens au sujet de l'Ouvrage dont je prétends vous instruire, dans l'espérance que vous pourrez peut-être pousser plus loin que moy, & même dans d'autres plus belles découvertes, selon l'étenduë de votre génie : les voicy.

Remarques du Sel geme.

MOn intention, en vous faisant faire ces remarques au sujet du Sel geme, va plus loin qu'on ne pense : souvenez-vous donc, que si le Sel geme est intérieurement joint à l'humide, pour lors il est inévaporable ; parce que ses qualitez se resserrent dans l'humide : mais si vous le joignez seulement au sec, soyez assuré que vous ne tiendrez rien, & que le feu l'emporte facilement : si vous fondez le Sel geme dans de l'eau commune, & que vous la filtriez & évaporiez jusqu'à siccité, que vous rélteriez cette opération jusqu'à huit ou dix fois; vous le rendrez si tendre au feu, qu'il fondra même à la flâme de la chandelle, & avec plus de facilité que la rocaille ou verre de Saturne.

Je prétends que ce n'est pas un petit effort que je fais, de m'être si fort ouvert à ce sujet, profitez-en; je suppose que je parle à une personne d'intelligence, & mon intention ne tend que là.

Remarques essentielles.

SI vous examinez ces remarques avec attention, sans doute elles vous feront utiles; mais il s'agit de sçavoir où elles se peuvent adapter: croyez-moi, qui que vous soyez, si j'étois obligé d'en donner tous les Préceptes, je ne finirois point; & de plus, si celuy qui se veut evertuer, ne fait un peu de luy-même, il doit s'assurer que ce n'est pas la peine qu'il s'expose à cet admirable travail, & qu'il peut croire que quelque habile que soit un Maître, il luy est impossible de tout dire ; mais seulement, je vous prie d'être attentifs à ce que je dis en peu de mots : premierement, que pour édulcorer les métaux & mineraux après leurs calcinations, il n'y a rien de meilleur que l'eau de Tartre.

Que l'esprit d'urine teint le cuivre en couleur d'outremer, & que toutes les dissolutions du cuivre sont vertes.

Que les Sels Alcalis, étant joints à des corps souphreux, il en provient une couleur rouge.

Que la couleur des métaux consiste dans leurs souphres, & que par conséquent, pour les préparer, il en faut premierement tirer le souphre pur, en sorte que le corps du métal reste dépouillé du souphre qui fait sa teinture.

Que le verd se tire du cuivre, en le calcinant au feu de Reverbere, à la Verrerie, dans un creuset bien luté, & cela pendant l'espace de quinze jours.

Que toutes les dissolutions de l'Or & autres deviennent rouges, si on jette dedans quelques gouttes d'esprit de Terebenthine, & si on jette encore dessus ces mêmes dissolutions un peu d'huile de Vitriol jointe avec son Sel, après le distillant & cuisant sur les cendres chaudes, l'Or devient rouge & éclatant comme un ruby, ainsi des autres.

Que pour empêcher l'Or de fulminer, il faut humecter tant soit peu sa poudre avec de l'esprit de Vitriol, & la bien sécher, laver & la resécher, répéter cela plusieurs fois, afin d'ôter parfaitement les Sels ou l'esprit de Vitriol.

Que pour faire l'eau régale (que tout le monde peut-être ne sçait pas faire) on met dans quatre onces d'eau forte commune, une once de Sel Armoniac, ou de Sel commun décrépité.

Que l'on peut peindre d'Email sur le talc.

Qu'on fait le verre d'Antimoine en le mettant en poudre fine, laquelle on met dans une poële de fer à fond plat ; il faut la mettre sur les charbons ardens, & remuer sans cesse l'Antimoine avec une verge de fer, de crainte qu'il ne s'attache à la poële, ou ne se grumelle, bref, jusqu'à ce qu'il soit en couleur de cendre ; mettrez cette poudre grisâtre dans un creuset, & y ajoûtez la huitiéme partie de son poids, de Sel de Tartre, faites fondre le tout peu à peu, & de tems à autre trempez-y un fil de fer, puis voyez à l'air en le retirant si vous trouvez le verre assez transparent.

Que l'Etain étant mêlé avec les autres métaux, & souffrant le feu avec eux, les réduit en écailles ou scories.

Qu'on affine le Salpêtre, en le mettant dans un creuset bien couvert entre les charbons; étant fondu, pendant qu'il est en fonte, on jette dessus un peu de souphre broyé, lequel brûle l'humeur onctueuse qui s'y trouve, & vous laisse le Salpêtre en une seule piece, qui est blanc comme neige.

Que l'air entre dans les métaux, lorsqu'ils sont en fonte, & qu'ils rapetissent, quand ils refroidissent.

Que du fer, du plomb & de l'Argent, l'on fait des couleurs jaunes.

Qu'il y a une tres-grande différence entre les couleurs minéralles & les végétables ; que ce qui conserve les couleurs des végétables dans les pierres , c'est qu'elles y sont enfermées, & que celles qui y sont infuses, provenant des bois pourris, sont différentes, parce que leurs Sels sont pétrifiez.

Que tous les métaux & marcassites sont formez d'eau & de sel.

Second travail pour faire les couleurs tendres.

CE que nous avons fait jufqu'à prefent, n'eft tout au plus que la moitié du travail, que j'ay promis de donner au Public, ayant voulu commencer par les moyens de faire les couleurs dures, comme étant les fondemens ou le premier Plan des ébauches de nos Ouvrages : c'eft ce fecond travail qui les méne à leur perfection, & les finit ; quoyqu'à la verité l'un fans l'autre ne foit rien.

Les opérations de ce fecond travail font courtes, mais tres-fpirituelles & tres-profondes ; vous verrez qu'il a fallu une fubtilité d'efprit merveilleufe, pour trouver les moyens de tirer prefque des mêmes matieres, des couleurs tres-différentes, comme vous le connoîtrez par la fuite.

Des Périgueurs couleurs tendres.

L'Invention que j'ay trouvée, pour tirer des entrailles des Périgueurs leurs véritables & tres-simples couleurs, & d'en faire des teintures propres pour notre Ouvrage, m'a plus donné de peines qu'aucune autre couleur : enfin j'ay tant tourné & retourné leurs corps, que je vous donne leur vraye & assurée calcination ; sçachez donc qu'il s'en trouve chez les Marchands de plusieurs sortes, c'est-à-dire de plus ou moins foncez de couleur ; prenez-en de tous, ils vous serviront à différens ouvrages & usages.

Ordinairement on ne calcine de ces Périgueurs que tres-peu à la fois, parce que l'on ne les employe que délicatement, & qu'il y en a plus de perdu que l'on n'en met à profit ; prenez-en donc à peu près gros comme une noix, lequel vous pilerez dans un mortier d'acier, & le passerez au tamis : ensuite met-

tez-le dans une tasse de grais proportionnée à la matiere, que vous
couvrirez d'eau forte, de maniere
qu'elle n'en soit que comme imbi-
bée ; puis la mettez à un petit feu
de roüe, c'est-à-dire, qu'il y ait
quelques charbons allumez tout autour de la tasse où est votre matiere, & de la cendre chaude dessous la tasse ; laissez digerer jusqu'à
siccité, ensuite ôtez le Périgueur de
la tasse, & le mettez dans un creuset, pour le calciner au feu violent, à toute rigueur; il le faut retirer, & étant froid, le repiler long-
tems dans le mortier d'agathe, puis
le laver avec un peu d'eau chaude,
& le sécher à petit feu sur un creuset plat, après en avoir tiré toute
l'humidité sur le papier gris ; ensuite
il le faut reverberer sous la moufle,
puis après donnez-luy son fondant
de rocaille, à la quantité que vous
jugerez à propos, pour accorder
avec vos autres couleurs tendres,
& dont est question; il faut que

vous remarquiez que cet accord vous doit servir de regle pour accorder toutes vos autres couleurs, & devez prendre garde qu'il y a des couleurs où il faut plus ou moins de fondant qu'à d'autres : broyez donc cette couleur tres-long-tems avec de bonne huile d'Aspic, sur une trenche d'Agathe, avec sa molette de même pierre.

Le Coûteau.

Vous devez avoir un petit Coûteau, fort mince & délicat, lequel doit couper des deux côtez, & qui soit rond par la pointe & assez ployant, comme étant à plusieurs fins; la premiere, est qu'il vous doit servir pour ramasser les couleurs sur la pierre; la seconde, pour faire vos teintes sur les palettes, &c. je remets à vous en parler plus amplement cy-après.

Autre Périgueur.

PRenez la quantité de Périgueur que vous voudrez, calcinez-le à toute rigueur au feu de reverbere, & vous le pilerez dans le mortier d'acier, puis le mettrez dans une taſſe de grais, & l'imbiberez avec de l'eſprit de Nitre, comme vous avez fait cy-deſſus avec de l'eau forte, & ſuivez toute la même manœuvre.

Des Noirs de cendres.

COmme je veux faire mon poſſible, afin que vous ayez toutes ſortes de ſatisfactions au ſujet du preſent Ouvrage ; je vais vous donner des noirs, auſquels je me ſuis exercé d'une maniere aſſez extraordinaire, & qui m'a fait connoître que les plus petites découvertes ne ſont pas toujours celles que l'on acquiert avec le moins de peines , & combien nous devons avoir d'obligation aux Artiſtes qui

veulent bien laisser des intelligences utiles à ceux qui viennent après
eux : tres-souvent ces choses paroissent comme des bagatelles, mais
pourtant il les falloit débroüiller du
cahos où elles étoient, ou pour
mieux dire, lever le voile qui les
cachoit ; ainsi dans tous les Arts,
la difficulté la plus essentielle est
d'inventer, puis quand on a trouvé, rien ne paroît plus aisé à faire,
parce qu'on nous les a rendu faciles.

Prenez de la cendre bleuë, elle
se trouve chez les mêmes Marchands magasins, qui vendent les
Périgueurs & toutes sortes d'autres
drogues ; calcinez cette cendre dans
un creuset plat, que vous mettrez
sous la mouffle au petit feu de reverbere, sans autre façon jusqu'à
ce qu'elle soit devenuë tres-noire ;
n'en calcinez que peu à la fois, puis
étant calcinée, mettez-la dans un
mortier d'Agathe, avec trois fois
autant pesant de fondant ; couvrez
ces deux matieres d'eau commune,

dans laquelle vous aurez diſſout un peu de Sel de Tartre, & broyez-le tout enſemble aſſez long-tems, cela fera comme une pâte, laquelle vous mettrez dans un petit creuſet plat, & la fondrez: enſuite il la faut pi-ler, paſſer au tamis, laver, ſé-cher, & même la reverberer tant ſoit peu à l'entrée de la mouffle, dont je vous feray la deſcription dans ſon lieu cy-aprés.

Des Rouges tendres.

ON ne croiroit peut-être ja-mais que l'on pût tirer du fer un ſi beau Rouge que celuy-cy; ſi je l'ay trouvé, ce n'a pas été ſans beaucoup de ſueurs & de peines; je croyois n'en venir jamais à bout, je m'en étois même rebuté: dans ce temps-là j'eus occaſion d'avoir l'honneur de faire pluſieurs Portraits du feu Roy Loüis XIV. où il y fal-loit mettre des Rubans rouges à la cravate, & qu'ils fuſſent d'un beau Rouge couleur de feu; j'étois au

défespoir de voir que les miens
étoient toujours jaunâtres, & qu'il
me feroit difficile de contenter le
Roy, ce qui me réduifoit dans un
trouble & dans une agitation con-
tinuelle, privé du fommeil, du
boire & du manger, toujours rêvant
à la maniere que je pourrois prendre pour déveloper cette couleur
d'un métal fi vile & fi craffeux,
d'autant que je jugeois bien qu'elle
étoit dedans; mais la difficulté étoit
de la débroüiller de fa craffe, &
la guérir de fa maladie qui la ren-
doit fi jaune; voicy de quelle maniere j'y travaillay.

Regule de fer ou de Mars, ♂.

JE pris des pointes de clous de
fer à cheval, & les mis rougir
dans un creufet, étant rouges de feu,
je jettay deffus deux fois autant pefant d'Antimoine réduit en poudre,
avec autant que les deux, de Sel
Nitre, & fondis le tout enfemble;
la maffe vint d'une belle couleur

de Pourpre, auquel je donnay le fondant nécessaire pour m'en servir.

Autre Rouge.

UNe autre fois, je pris des cristaux de Mars (c'est du Vitriol de fer) je les fis sublimer avec pareil poids de Mercure crud: le sublimé vint tres-blanc, je le calcinay au feu de Reverbere, sous une cheminée ; il me donna une substance rouge comme de l'Ecarlate, je fis l'édulcoration , le calcinay au petit Reverbere sous la mouffle, & luy donnay son fondant.

Autre Rouge.

JE me suis servi long-tems d'une certaine pierre rouge d'Angleterre, de laquelle autrefois les Cordonniers rougissoient les talons des souliers; il y en a de tres-beau, il me sembloit que j'en pouvois faire quelque chose de bon ; je le calcinay au petit Reverbere, après l'avoir pilé suffisamment dans le mortier d'Agathe, avec autant pesant que luy de précipité de Mercure ; mon Rouge vint tres-beau, & même d'une couleur de feu admirable ; je luy donnois son fondant.

Je vous prie, cher Lecteur ou Amateur, de croire que je ne vous donne pas tous ces différens rouges sans quelque raison ; ils sont utiles chacun en leur lieu, & si vous mettez la main à l'Ouvrage, je suis persuadé que vous le connoîtrez bien ; ne vous en lassez pas, je crois vous faire plaisir en cela, & que vous m'en aurez obligation.

Autre Rouge.

UNe autre fois, je voulus faire un essay, je pris de l'eau forte avec son même poids de Sel Armoniac, & les fis dissoudre ensemble, puis je fis dissoudre à part des cristaux de Vitriol de Mars, en pareil poids que le Sel Armoniac, dans autant pesant d'eau forte ; ensuite je mis le tout ensemble en

une Cucurbite, & les fis récristali-
ser, comme je le diray cy-après,
(évitant les redites) je calcinay les
cristaux qui s'en formerent, je la-
vay la calcination, & en fis l'épreuve
avec le fondant à l'ordinaire, alors
j'eus un tres-beau Rouge.

Autre Rouge.

PRenez du Vitriol d'Hongrie,
& le calcinez à feu violent,
entre deux creusets l'un sur l'autre,
qui soient bien lutez ; il vous donnera une couleur rouge, tres-belle,
mais qui sera comme de la mine
de plomb, dont on se sert pour
peindre en Mignature ; donnez-luy
son fondant, accordant à vos autres couleurs.

Rouge de Mars par cristaux.

L'Homme qui a un certain génie, n'est jamais content ; son
esprit est sans cesse agité pour faire
de nouvelles découvertes : je me
mis en tête de faire encore quelque

chose de plus que je n'avois fait par toutes ces ingénieuses inventions, & comme je concevois bien (ainsi que j'ay dit cy-dessus) que dans le fer, il y a un Souphre merveilleux pour parvenir au Rouge, que je sentois m'être si nécessaire; je cherchois donc à décrasser ce métal, il me vint en pensée que l'Acier, qui est un fer affiné, me pourroit faire ce que je demandois; j'en fis limer & dissoudre, mais le dissolvant, l'absorboit trop vîte, & ne me donnoit qu'une espece de bouë qui ne me convenoit pas : aprés que j'eus fait quelques réflexions, je pris des éguilles à coudre, & dis en moy-même, elles ne peuvent être faites, que d'un métal tres-fin & bien purifié; s'il y a quelque chose de bon dans ce métal, il se doit trouver là dedans; j'en achetay donc une demie livre, que je mis dans une Cucurbite de verre tres-fort, & je versay dessus deux onces d'huile rouge de Vitriol, laquelle huile les rongea de bonne forte pendant deux heures ; au bout de quelque tems , je fis chauffer de l'eau presque boüillante, que je jettay dans ladite Cucurbite fur ma matiere, qui en même tems fit une flagration ou élevement tres-grand ; je la laiffay boüillir tant qu'elle voulut, puis je verfay l'eau par inclination dans une terrine de grais, que je mis fur un petit feu, en forte qu'elle ne faifoit que frémir, & la laiffay exhaler jufqu'à ce que je vis fur la fuperficie de l'eau une pélicule, qui me marqua que les Sels dominoient : alors je portay la terrine à la cave, & l'y laiffay pendant trois jours ; dans cette efpace de tems, il s'y forma au fond quantité de criftaux verds, qui me mirent en admiration ; je les levay proprement, & les mis dans une autre terrine, pour les faire égouter & fécher ; puis aprés je les enfermay dans une fiole de verre, que je bouchay tres-bien, car au-

trement ils se gâteroient ; il étoit
encore resté beaucoup d'eau dans
la terrine, je la fis évaporer comme auparavant, jusqu'à la pélicule,
puis je la remis à la cave, où il
se forma encore des cristaux semblables aux autres, & je les mi
ensemble ; ensuite je calcinay quel
ques morceaux de ces Vitriols dans
un creuset plat, que je mis sous
la mouffle au petit feu de Reverbere, en observant exactement de
les tirer du feu, aussi-tôt que je
m'apercevois qu'ils étoient fondus :
cette matiere fonduë, devint blanche & dure comme de la pierre ;
je la broyay dans le mortier d'A-
gathe avec la molette, & je remis
cette matiere au feu comme auparavant, en l'observant toujours dans
ce feu, jusqu'à ce que je vis ladite matiere prendre une belle couleur roussâtre, comme d'un beau
maron d'Inde ; je la retiray du feu,
& la rebroyay dans le mortier, puis
je la remis au feu, lequel je luy

donnay tres-vigoureux, jusqu'à ce qu'elle devint d'un Rouge qui me paroissoit assez noir ; mais en la retirant du feu, elle reprenoit une tres-belle couleur de Rouge Orangé : je recommençay donc cette manœuvre de la remettre au feu, & rebroyer jusqu'à ce que le Rouge me fit plaisir, & tel que je le souhaitois : enfin je l'étudiay si bien par toutes ces calcinations & les épreuves que j'en fis, que je la mis en état d'être la plus précieuse de toutes nos couleurs tendres ; je luy donnay son fondant, & me trouvay content.

Mais il m'en falloit de différentes couleurs, & il sembloit que mon génie m'obligeoit de n'en pas rester là ; je fis dissoudre encore une partie de mes cristaux de Mars que je venois de faire, & les mis dans une Cucurbite avec de l'eau forte que je fis exhaler sur des cendres chaudes, jusqu'à siccité & que les Sels furent roussâtres, lesquels je

calcinay

calcinay au petit feu de Reverbere, fous la moufle comme cy-deſſus, & je fis le plus beau Rouge qui ſe puiſſe voir ; je luy donnay ſon fondant, accordant avec mes autres couleurs tendres ; je m'en ſert actuellement, & il fait l'admiration de tous ceux qui le voyent.

Lecteur, ſi vous eſtes enfant de Minerve, vous connoîtrez à quel degré a été ma paſſion pour la vertu, je puis proteſter que je n'ay eu qu'elle en vûë & l'honneur : quoique ma naiſſance ne m'ait pas favoriſé des biens de la fortune, je n'ay pas laiſſé de ſurmonter toutes les difficultez qui ſe ſont preſentées, & de vivre en honnête homme, malgré les envieux, auſquels je n'ay pas voulu acquieſcer pour aſſociation, ne connoiſſant en eux que la volonté de tirer de moy les intelligences que j'ay dans mon Art, & même avec une eſpece d'orgüeil, qui eſt inſuportable à la vertu.

G

Si je ne me lasse point de vous exposer la suite de mes travaux, c'est afin de vous communiquer avec plus de facilité & de franchise, ce que je crois qui vous doit faire plaisir, de même que je n'aurois jamais plus de plaisir & de joye, que d'entendre un bon amy qui m'entretiendroit sur des sujets qui me pourroient instruire, & que je chercherois avec empressement.

Espece de Bistre.

CEtte couleur n'est pas des plus nécessaire, mais on s'en sert au besoin, & où l'occasion s'en presente: voicy comme elle se fait.

Prenez une once d'acier ou de fer, & autant de bonne eau forte, avec laquelle vous le dissouderez dans une Cucurbite; laissez-les digerer ensemble à froid ou sans feu pendant un quart d'heure, puis jettez sur cette matiere une demie once d'huile de Tartre, la dissolution se précipitera au fond du vaisseau ; ayez un baſſin ou terrine de grais, tout prêt, dans lequel vous mettrez environ trois demy ſeptiers d'eau chaude & preſque boüillante ; alors jettez votre diſſolution dedans, laiſſez-la repoſer un peu de tems, & toute la diſſolution ſe précipitera au fond du baſſin ; ôtez le liquide par inclination, & faites ſecher la matiere ſur le papier gris, & enſuite vous acheverez cette déſiccation dans un petit creuſet plat devant un feu médiocre ; prenez ſix grains de cette calcination, ajoûtez-y dix-huit ou vingt grains de Rocaille jaune d'Hollande, & deux grains de beau noir, de cendre bleuë, qui ſoit préparée avec ſon fondant ; pilez bien le tout enſemble au mortier d'Agathe, & vous aurez un tres-beau Biſtre.

Violet tendre.

L'On ſe ſert rarement de cette couleur, mais je vous la donne encore, pour la mettre en uſage, li vous en avez occasion : Messieurs les Orfévres, metteurs en œuvre, s'en peuvent servir fort utilement, pour être employée seule autour de certains Ouvrages, ausquels il faut ménager la soudure, crainte qu'elle ne manque ou ne quitte, & parce que cette couleur est fort tendre.

Voicy sa façon : sur un grain d'Or fulminant qui soit sans fondant, vous mettrez un demy gros de Rocaille d'Hollande de la plus blanche, pilez le tout tres-fin dans un mortier d'Agathe, puis le mettez dans un petit creuset plat, sur quelques peu de charbons allumez, & dont le feu ne soit pas trop âpre; remuez souvent votre couleur, elle deviendra rouge, mais peu : alors recommencez à la piler dans ledit mortier, après remettez-la au creuset sur le petit feu, comme cy-devant ; réiterez cette même manœuvre trois ou quatre fois, & enfin, jusqu'à ce qu'elle vous paroisse violette : alors servez-vous-en sans autre façon.

Rouge Brun.

J'Aurois omis cette couleur craignant d'être ennuyeux au sujet des rouges ; mais comme je sçay qu'elle n'est pas indifférente, j'ay crû être obligé de n'en pas priver ni les Artistes ni mon Livre : voicy comme on la doit faire.

Prenez de la Calamine, & la calcinez entre deux creusets lutez, lesquels vous mettrez au fourneau de Verrerie, ou de Potier de terre pendant leur feu : étant calcinée, lavez-la, puis la séchez, & luy donnez son fondant, accordant avec vos autres couleurs.

Couleur d'Indicot.

COupez de petites lamines de cuivre rouge tres-déliées ou minces, mettrez-les dans un creuset plat, & brûlez ce cuivre, jusqu'à ce qu'il se réduise en poudre : quand vous le broyerez entre les doigts, lavez, séchez, &c. & luy donnez trois fois son pesant de fondant ; de rocaille d'Hollande.

Des Fondans tendres.

NE vous étonnez pas si j'ay traité de ces fondans tendres, séparément des durs ; je l'ay trouvé à propos, afin qu'on ne s'y trompe pas, & qu'ils soient chacun ensuite des couleurs qui leur conviennent, parce que si l'on prenoit l'un pour l'autre, les couleurs ausquelles vous le donneriez, seroient gâtées. & de nulle valeur.

Premier Fondant tendre.

PRenez la quantité de Litarge que vous voudrez, qui soit bien nette, pilez-la au mortier d'Agathe, jusqu'à ce qu'elle soit tres-fine ; mettez-la dans une Cucurbite, versez dessus de bon vinaigre distillé, jusqu'à ce qu'il surnage la litarge, environ deux ou trois doigts : remuez bien le tout, & le laissez reposer un peu de tems, puis mettez la Cucurbite fur les cendres chaudes à feu doux, laiſſez-les digérer, juſqu'à ce que le vinaigre ſoit teint de couleur de lait, cela ſe fera en peu de tems; verſez tout le vinaigre teint dans une terrine ou autre vaiſſeau, remettez d'autre vinaigre ſur la Litarge, faiſant comme auparavant : mettez enſemble tous ces vinaigres teints en blanc, & laiſſez-les repoſer, juſqu'à ce que ce qui provient blanc de votre Litarge, ſoit précipité & racis au fond de la terrine : alors verſez par inclination le vinaigre clair, & la matiere qui reſtera dans ladite terrine, ſera d'un blanc de lait, lequel eſt votre fondant, dont eſt queſtion.

Il peut arriver que le vinaigre teint de blanc, ne s'éclairciroit pas, & que le blanc ne ſeroit pas précipité : ſi cela arrive, jettez un peu d'eau claire, nette & froide deſſus, elle fera lâcher priſe au vinaigre, & il s'éclaircira ; mettez ce fondant

sur plusieurs feüilles de papier gris
en double, pour le sécher parfaitement, & vous le mettrez dans
une fiole de verre, que vous boucherez tres-bien.

Second Fondant tendre.

PRenez du Sel Nitre, & quatre
fois autant pesant de Rocaille
d'Hollande, que vous fondrez ensemble, cela vous donnera un fondant propre à plusieurs choses.

Troisiéme Fondant tendre.

FAites boüillir de la soude dans
de l'eau nette, puis filtrez-la
par l'entonnoir de verre & son cornet de papier gris, ensuite vous la
ferez évaporer jusqu'à siccité : mêlez ce Sel de soude avec autant
pesant de Rocaille d'Hollande, &
fondez le tout ensemble ; après pilez au mortier d'acier, tamisez, lavez & séchez, &c.

Quatriéme Fondant tendre.

VOus prendrez une partie de ſablon d'Etampe, & quatre fois autant de minion, & de tres-pur Sel de Tartre, autant de ſon poids que de ſablon d'Etampe, fondez le tout enſemble, & enſuite pilez, tamiſez & lavez, &c.

Des Utenſiles de notre Art.

COmme l'on ne peut paſſer les mers ſans vaiſſeau, de même il eſt impoſſible dans chaque talent de travailler ſans outils : voicy à peu près ceux qui ſont utiles dans notre cabinet & laboratoire, leſquels feront peu d'embarras à une perſonne propre, un peu rangée, & qui a un logement commode pour mettre ſon fourneau, par lequel je commence.

Du Fourneau.

IL n'y a rien de plus commun que ce fourneau chez tous les

Orfévres, tres-souvent ce ne sont que trois briques de terre cuite qui le composent : sçavoir, une derriere, & les deux autres qui font les deux côtez : mais pour une plus grande propreté, & s'équipper plus honnêtement ; je vous diray que l'on trouve chez de certains Potiers de terre, des petits fourneaux à un étage, avec leur couvercle que l'on ôte quand il est à propos, & cet étage fait au milieu un foyé juste pour y renfermer votre mouffle, & appuyer de tous côtez le charbon de votre feu, & même ce fourneau vous peut encore servir à fondre vos compositions, en y remettant le couvercle, auquel il y a des trous pour exhaler les vapeurs du charbon : ce fourneau doit être placé sous une cheminée, en sorte qu'il ne puisse pleuvoir dessus : il faut qu'il soit élevé sur un tripier de fer, à peu près à la hauteur de la ceinture de celui qui y veut travailler, & à sa commodité pour voir dedans facilement.

Des Mouffles.

A L'égard des mouffles, le premier Orfévre vous en montrera, si vous luy demandez, afin que vous la puissiez mieux concevoir, & il vous fera voir aussi la maniere de faire votre petit feu de Reverbere, & quand vous l'aurez vû une fois, cela vous suffira ; je ne laisseray pas néanmoins de vous en dire un mot : quoyque ce qui entre par les yeux, est beaucoup plus sensible, que ce qui entre par les oreilles.

Enfin, on place la mouffle au milieu du fourneau : sçavoir, sur deux rangées de petits charbons longs, & qu'il y en ait toujours un gros qui ferme le cul ou le derriere de ladite mouffle, laquelle on couvre par-dessus & de tous côtez de petits charbons longs, de même aussi de deux rangées l'un sur l'autre, lesquels seront soutenus de part & d'autre du dedans du fourneau, &

obferverez que devant l'entrée de la mouffle, il y doit avoir affez de place pour mettre encore deux petits lits de charbon l'un fur l'autre, qui ferviront à pofer votre Ouvrage, devant que de le mettre fous la mouffle pour le parfondre, comme je le diray cy-aprés plus au long, lorfque je parleray du feu.

Fabriques des mouffles & des creufets plats.

VOus prendrez de la terre préparée qui fe vend chez les Potiers de terre, & mêlerez un peu de fablon d'Etampe avec de la limaille de fer, que l'on prend chez les Serruriers, puis on manie & broüille le tout enfemble, de maniere qu'ils foient bien mêlez, & que la terre compofée de cette forte, foit pétrie & courroyée, jufqu'à ce qu'elle devienne en confiftance de pâte ferme : il faut applatir cette terre avec un rouleau de bois, fait comme ceux dont les Pâticiers fe servent pour courroyer leurs pâtes; mais il faut observer de mettre toujours une feüille de papier entre le rouleau de bois & la terre, crainte qu'elle ne s'y attache en l'applatissant, en sorte qu'elle soit environ de l'épaisseur d'une ligne, ou à peu près : étant en cet état, elle se coupe facilement sur une table avec un coûteau, & de la grandeur que l'on veut ; ordinairement la longueur doit être de trois pouces, de la hauteur de deux, & de la même largeur, puis pour former ces mouffles en ceintre de la grandeur qu'on en a affaire, il faut avoir une bûche ronde de la grosseur que vous voulez que vos mouffles soient larges, & afin de leur donner la forme que vous voudrez : enfin vous n'oublirez pas de mettre une feüille de papier entre la mouffle & le bois, de crainte qu'elle ne s'y attache, puis les lierez sur cette bûche avec de la ficelle, de sorte qu'elles ne se puissent écarter en féchant, & qu'elles confervent la forme que vous leurs aurez donnée : mettez-les fécher à l'ombre ; car autrement elles fe fendroient, & deviendroient inutiles : quand on travaille à ces mouffles, il en faut faire plufieurs d'une même grandeur, & nombre d'autres de plus grandes & de plus petites pour pouvoir choifir, fuivant ce que l'on a à faire, que l'on en peu cafler, & qu'il n'en faut pas manquer.

Pendant qu'elles font encore molettes, il y faut perfer quelques petits trous des deux côtez par en bas, pour faciliter la chaleur d'entrer par deffous ces mouffles, & de reverberer fur vos Ouvrages, quand ils y font : étant donc bien féches, vous les approcherez du feu peu à peu, afin qu'elles s'échauffent, & perdent entierement leur humidité; puifque n'étant pas bien féchées, d'abord qu'elles fentiroient le feu, elles fe cafleroient ; mais l'étant affez, approchez-les encore du grand feu peu à peu, & enfin, faites-les rougir au grand feu, même assez long-tems.

De cette même terre preparée, vous en ferez nombre de petits creusets plats; pour vous en servir, comme je vous l'ay dit dans presque toutes vos opérations: il en faut de plus où moins grands & épais; ceux que vous ferez pour sécher vos couleurs, doivent être petits & fort minces, & pour fondre vos compositions, plus grands & plus épais; vous les ferez sécher, comme j'ay dit pour les mouffles.

Ces choses paroissent comme des bagatelles; mais il faut les sçavoir faire, parce qu'on peut se trouver en bien des endroits où il n'y en auroit point, comme il m'est arrivé à moy-même, chez tous les Princes pour qui j'ay eu l'honneur de travailler dans les Païs étrangers.

Du choix du Charbon.

IL est de conséquence pour vos Ouvrages de choisir le charbon ; tant que nous pouvons trouver de la braise ou petit charbon qui vient à Paris par la riviere d'Yonne, nous en devons faire provision, lorsque nous sommes dans cette Ville, parce qu'il nous est plus commode que tout autre, à cause de sa petitesse & sa longueur, & qu'il est ordinairement bien cuit, se rangeant plus commodément dans notre fourneau & autour de la mouffle ; ce charbon ne petille point, & a beaucoup de chaleur ; mais il faut éviter autant qu'on le peut, de se servir de celuy qui est fait de bois de Châtaigner, parce que sa qualité est de peter fort long tems, avant qu'il soit consommé : enfin nous pouvons encore nous servir de celuy qui est fait de bois de Saule ; il est même préférable à tous, quand il est bien conditionné ; & quoyque je vous

dise du petit charbon, il est à propos de sçavoir qu'il est toujours nécessaire d'en avoir quelque peu de
gros pour boucher la mouffle, comme j'ay dit cy-devant, & je le diray encore dans son lieu.

Ne croyez pas que ce soient là
de petits Préceptes, vous le connoîtrez, & ne m'en sçaurez pas mauvais gré, quand vous verrez la nécessité qu'il y a de les sçavoir, pour
ne point manquer la perfection de
vos Ouvrages; & bien plus, je crois
que vous serez obligé de ne les pas
oublier.

Le Soufflet.

IL doit être tres-bon, c'est de
ceux dont Messieurs les O.fé-
vres se servent ordinairement à leurs
Ouvrages: ces sortes de soufflets doivent avoir trois feüilles; faites en
sorte que celuy que vous aurez,
soit le plus leger que vous pourrez,
parce que l'on est obligé de l'avoir
souvent à la main, & qu'il vous la

pourroit apefantir & gâter à caufe de la délicateffe qu'elle doit avoir pour nos Ouvrages.

Des Molettes ou Pincettes.

CEs molettes doivent être faites de lames de fleurets à faire des armes; il faut que les bouts qui ferrent, foient droits & plats; en forte qu'ils joignent tres-bien l'un contre l'autre, afin qu'elles puiffent pincer exactement les plaques d'or ou de fer, fur lefquelles vous devez mettre vos Ouvrages au feu: ayez-les affez longues & paffablement fortes; car autrement elles fléchiffent à l'endroit où la main les ferre, & c'eft ce qui les fait ouvrir par le bout qui tient votre Ouvrage, lequel elles lâchent à l'inftant, & vous fait tout gâter.

Un Enclumeau.

VOus devez avoir un Enclumeau, dont le deffus foit affez large, plat & fort uni, lequel vous

doit servir avec un marteau à redresser vos plaques d'or & de fer,
de tolle, quand elles sont cambrées,
& pour faire tomber de dessus celles
de fer les écailles brûlées, de crainte
que vos Ouvrages n'en soient gâ-
tez, parce qu'elles s'élevent & pe-
tillent dans le feu : en cas que cela
arrivât, je vous en diray le reméde
cy-après, en émaillant les plaques.

La Plaque d'or.

Veritablement cette Plaque est
toujours la plus sûre , parce
qu'elle ne jette ni vapeur ni écailles, & qu'il n'y a que la sujétion
de la redresser, lorsqu'elle est cam-
brée.

Plaques de tolle de fer.

Elles servent plus fréquemment
que celles d'or , à cause des
différentes grandeurs & occasions
où nous en avons affaire, & qu'on
ménage ce métal ordinairement :
on doit donc avoir toujours une

couple de feüilles de tolle, pour en pouvoir couper des plaques, selon les grandeurs que l'on en a affaire; mais étant neuves, avant que de s'en servir à aucun Ouvrage, il faut les rougir au feu, pour en faire exhaler les vapeurs qu'il y pourroit avoir, & même à quoi il est fort sujet, parce que ces exhalaisons gâteroient immanquablement vos émaux ou vos compositions; & pour empêcher que ces plaques de fer ne jettent des étincelles, de ses écailles si facilement, lorsqu'elles sont dans le feu, & lorsque vos Ouvrages sont dessus, il faut avoir de la craye blanche, bien séche, de laquelle vous les froterez par tout assez épais, parce que cela évite qu'elles n'en jettent autant qu'elles feroient, si l'on n'en mettoit point.

Des Cizeaux.

CES plaques cy-dessus se coupent avec des Cizoires; ce

font des Cizeaux, dont les lames font groffes & courtes; on les ache-te avec les Enclumeaux chez les Marchands Clinquaillers, où vous n'oublierez pas d'avoir auffi une Râpe & quelques Limes un peu groffes, & d'autres petites, parce qu'elles ne vous feront pas inutiles.

Il eft à propos de vous avertir en cet endroit, qu'il faut que l'Or-févre qui vous montera vos Plaques d'or émaillées, vous y faffe une pe-tite Bafte de fil de fer aplati, pour pofer ladite plaque deffus, toutes les fois que vous la mettrez au feu, lorfque vous travaillerez deffus, parce que cela l'entretient toujours droite, empêche que les bords ne fondent, & que l'Email ne parfonde plutôt aux bords qu'au milieu.

Des Feux, & qu'il ne les faut pas épargner.

SI vous voulez fortir des Ouvra-ges d'Email à votre honneur,

il ne faut pas épargner les feux ;
car souvent, lorsque l'on croit avoir
fini son Ouvrage, l'on défait son
feu, & un moment après, on en
est tres-fâché, parce qu'il en faut
refaire un autre qui réfroidit votre
fourneau, & vous fait perdre beaucoup de tems à le refaire, au lieu
que si vous ne l'eussiez pas éteint,
il vous auroit servi quelquefois à
achever ce que vous auriez eu à
faire, & qui souvent se trouve être
tres-peu de chose.

Voicy la façon de faire ces feux ;
j'ay dit cy-devant qu'il faut faire
deux lits de charbon, tout à plat,
& bien également dans le fourneau, puis on place la mouffle au
milieu : en sorte qu'il n'y ait que
pour fermer le derriere avec un gros
charbon, entre la muraille du fourneau & ladite mouffle, ensuite on
doit garnir bien exactement les
deux côtez avec de semblables charbons longs, de deux rangées l'un
sur l'autre ; de maniere que toute

la mouffle en soit encore tres-exactement couverte, & observer toujours que les charbons qui sont sur
le front de la mouffle, ne la dé-
bordent point, afin qu'en mettant
vos Ouvrages au feu & dessous, il
ne puisse tomber ni cendres ni éteincelles dessus : vous prendrez garde
que les deux côtez de l'entrée de
la mouffle soient bien garnis de charbon, & d'en avoir un toujours tout
prêt, qui soit de la grosseur de celuy que vous avez mis derriere, afin
d'en boucher ladite mouffle, quand
votre Ouvrage sera dedans, soit
pour parfondre vos Emaux, ou pour
faire vos compositions : je vous feray remarquer dans son lieu, quand
il ne faudra pas boucher cette mouffle ; mais souvenez-vous à present,
que le devant de votre fourneau,
que nous appellons Latre, doit aussi
être garni de charbon, bien proprement & uniement : ce feu de devant sert à deux fins ; la premiere,
c'est qu'il supplée à l'ouverture du

fourneau, qui autrement ne feroit pas fi chaud que le derriere & les deux côtez ; l'autre, que cet endroit eft pour y pofer d'abord votre Ouvrage, & y faire revenir vos couleurs (comme je le diray cy-aprés) lefquelles fe gâteroient entierement, fi vous les mettiez tout d'un coup fous la mouffle : enfin tout cet arrangement de charbons doivent être fi bien allumez, qu'il n'y en refte pas un de noir, & qui ne foit exempt de vapeur & de pétillans, qui infecteroient vos Ouvrages de leur puanteur & d'étincelles de charbons.

Pour faire revenir les Emaux.

Faire revenir les Emaux, eft un terme qui s'ufite par ceux qui les employent, & c'eft avec raifon; car fouvent étant employez avec vos huiles d'afpic, & les approchant du feu, ils fe perdent, de forte qu'on ne les connoît plus; c'eft donc pour ce fujet, qu'il les

faut

faut, comme rappeller ou faire revenir, en les mettant sur la plaque d'or ou de fer, à l'entrée du fourneau sur les charbons du foyer; mais auparavant il faudra faire exhaler l'huile d'aspic loin du feu, & cela fera deux effets, l'huile s'exhalera, & en même tems votre ouvrage s'échauffera peu à peu, pour se trouver en état de soutenir le feu du charbon, sur lequel vous allez le mettre, & qui autrement vous causeroit deux maux : le premier, seroit, si vous mettiez votre plaque émaillée froide, & tout d'un coup sur un grand feu, elle se casseroit immanquablement ; & l'autre, que vos Emaux fins avec l'huile, se brûleroient & bouilliroient, sans y pouvoir apporter de remede.

Toutes ces précautions étant prises, vous ferez donc revenir vos couleurs, en les tournoyant doucement avec les molettes sur les charbons du foyer, jusqu'à ce que toutes vos couleurs soient revenues

H

belles, nettes & uniformes; étant en cet état, vous retirez votre Ouvrage prestement, & le posez prés de vous sur un carreau de terre cuite, qui doit être un peu chaud au moment, & prés de vous sur une table, puis donner diligemment quelques petits coups de soufflet dans votre fourneau, pour aviver ou animer le feu, où vous mettrez votre Ouvrage sous la mouffle, laquelle vous boucherez avec le gros charbon que vous devez avoir là tout prêt, observant néanmoins par quelque petit endroit dans la mouffle, quand vos couleurs seront parfonduës, afin de retirer en diligence votre Ouvrage que vous poserez sur le carreau qui est auprès de vous.

Voilà quant au feu du premier travail de vos Emaux durs, que je présupose que vous avez sçû employer, & dont je vous donneray cy-aprés quelques intelligences, parce que je n'ay pû me dispenser de donner de suite l'ordre de ce feu

& du travail, pour ce que nous en
avons affaire, & n'être pas obligé
à plusieurs répétitions, sçachant parfaitement bien que dans l'ordre du
travail, j'aurois dû vous donner celuy de parfondre votre dessein, qui
doit être arrêté & fixé sur votre
Email blanc, avant que d'y mettre
aucunes autres couleurs ; mais pour
n'être point prolixe, j'ay crû devoir
dire que le même ordre du feu, & la
même manœuvre (à l'égard de l'Ouvrage) devoit suffire pour tous les
feux, tant des Emaux durs, que
des couleurs tendres ; sinon qu'au
dessein ou trait, & à ces couleurs
tendres, il ne faut pas que les feux
soient si violens, & même qu'il ne
faut que médiocrement boûcher la
mouffle avec le gros charbon, pour
être plus prête à retirer votre Ouvrage du feu, de crainte que vos
couleurs tendres ne se perdent &
s'évanoüissent ; & à l'égard du trait
de votre dessein, qu'il faut qui ne
s'efface plus, en travaillant dessus

avec vos Emaux durs, ou quelquefois en ôtant des couleurs mal pla-
cées ; si vous perdiez votre trait,
vous ne vous reconnoîtriez plus, &
seriez obligez de recommencer.

La maniere de préparer le Cuivre pour émailler de blanc dessus.

LE Cuivre est un métal impur,
fort sale & crasseux ; il lui faut
ôter ses impuretés, si l'on veut pouvoir émailler proprement dessus avec
du blanc ; car autrement il se tour-
mente beaucoup dans le feu, en
jettant du verd & du noir qui in-
fectent la pureté de notre blanc,
& rend nos Emaux ternes & sans
éclat : voicy comme on y remedie
pour travailler dessus, sans craindre ces inconveniens ; nous sommes
trop heureux de le trouver, lorsque nous arrivons dans des lieux,
où il n'y a point d'Orfévres qui nous
sçachent monter des plaques en or,
ou que nous n'en pouvons pas avoir.

Prenez donc une feüille de Cuivre

rouge planée, de l'épaisseur d'un ſol marqué, ou à peu prés, & qu'elle ſoit bien égale & unie; vous en couperez avec les cizoires la quantité de piéces, de telles formes & grandeurs que vous voudrez, comme auſſi nombres de petits morceaux, pour émailler & faire deſſus des épreuves de vos couleurs; faites une compoſition de poudre de ciment de tuillaux, avec autant péſant de poudre de pierre-ponce pilée, & le tiers de la peſanteur des deux, de Sel commun, & vous prendrez un de vos creuſets plats, aſſez grands, pour mettre vos plaques & petits morceaux de Cuivre dedans avec cette compoſition, & cela, *ſtratum ſuper ſtratum* : en ſorte que la premiere coûche ſoit de ladite compoſition, bien mêlée, & que la derniere en ſoit couverte auſſi, même aſſez épais, puis couvrez tres-bien ce creuſet avec un autre, qui s'emboëte deſſus comme un couvercle de boëte, & les lutez enſemble, le lut étant sec, mettez-les sous la mouffle, couverte de feu, raisonnablement & suffisamment, pour faire rougir vos creusets, étant rouges, vous les laisserez en cet état pendant l'espace d'un *Miserere*, ou à peu prés ; vous tiendrez tout prêt quelque pot, où il y aura de l'urine dedans, puis en tirant ces creusets du feu, vous verserez ce qui est calciné dans cette urine ; il faut avoir dans un autre vaisseau de l'eau nette, avec laquelle vous laverez vos plaques & petits morceaux de Cuivre, desquelles il sortira de dessus chacunes une écaille considérable, qui est la crasse & l'impureté dudit Cuivre, lequel sera plus ferme, tres-pur & propre pour émailler, qui ne jettera point de liqueur, ne gâtera point tant vos couleurs, & même se tourmentera bien moins au feu & à vos Ouvrages.

Des Utensiles.

L'Un des principaux, est un mortier d'acier, avec son couvercle & le pilon, qui soient bien propres, que le mortier ferme bien, & soit tres-uni dedans, afin qu'aux changemens d'Emaux qu'on y doit piler, il se puisse nettoyer facilement; si on le veut nettoyer, ce doit être avec du cristal pilé, lequel on ôte, puis encore après on l'essuye avec un linge blanc, afin que la couleur qu'on y pile ensuite, ne tienne aucune teinture de celle qui a été pilée: s'il y a eu de l'humidité, on le doit bien essuyer avec du linge, & le sécher au feu, crainte qu'il ne se rouille.

Mortier d'Agathe.

IL y en a de deux sortes de couleurs; la premiere & la meilleure, est d'un rouge brun tanné; & l'autre, d'une couleur bleuâtre claire; enfin, il en faut l'un ou l'autre, avec son pilon proportionné, qui soient tres-polis, afin qu'ils puissent être nettoyez facilement ; car c'est un Ouvrage qu'il faut faire souvent ; on le nettoye aussi avec du cristal pilé.

La pierre d'Agathe à broyer avec l'huile d'aspic.

ON ne peut presque rien faire sans cette pierre & sa molette ; ce doit être une trenche d'Agathe platte & fort unie, avec une petite molette proportionnée, & de la même pierre, c'est-à-dire qu'elle soit aussi d'Agathe ; plus cette pierre ou trenche sera grande, plus elle sera commode : il est assez difficile d'en trouver de ces grandes, la mienne n'a tout au plus que cinq pouces de long en ovale, & c'est ce que j'ay pû trouver de plus grand ; elle ne doit servir qu'à broyer nos Emaux avec l'huile d'aspic, pour la nettoyer ; on se sert de cristal, que l'on broye dessus avec la molette, qui se nettoye en

même tems, & aprés l'essuyer avec
de la mie de pain, & enfin avec
un linge blanc, dont il faut faire
aussi bonne provision, parce que
l'on en a tres-souvent affaire.

Des Eguilles.

LE premier Coûtelier vous fera
ces Eguilles, il en faut deux
ou trois ; elles doivent avoir environ quatre pouces de longueur,
l'une pointuë par un bout, qui doit
être un peu plate, & faite en dard,
grosse par le milieu, comme la moitié d'une médiocre plume à écrire ;
l'autre bout, en forme de spatule
assez plat & large, comme l'ongle
du doigt d'un homme, & un peu
plus épais qu'un sol marqué, mais
fort polie.

Il en faut encore un autre de la
même longueur, mais que les deux
bouts soient pointus ; sçavoir, l'un
comme une Eguille à coudre ; &
l'autre, un peu plus gros, & tant
soit peu plat à la pointe : le bout

pointu sert pour étendre les teintes sur vos Ouvrages ; & l'autre, pour les prendre au bout du pinceau, pour les porter dans leurs places, quand il en faut une petite quantité à coucher tout à plat ; la pratique vous en fera bien-tôt connoître l'utilité.

De l'Eguille de Buis.

ON prend un morceau de buis, bien sec, de la même longueur de vos Eguilles d'acier, ou à peu prés : il doit être très-pointu d'un bout, & de l'autre, qu'il soit un peu mousse & rondelet ; c'est pour effacer quelquefois ce que l'on trouve à propos, & l'autre pointu, pour nettoyer les parties de l'Ouvrage, qui se trouvent quelquefois boûteufes & mal-unies : je vous envoye encore à la pratique qui vous fera maître.

Des Bruxelles.

C'Est une espece de petite pin-cette, de la même longueur de vos Eguilles : il y a un anneau qui embraſſe les deux lames plattes, & qui du haut en bas eſt, pour ſerrer & pincer ce que l'on veut tenir (ſoit chaud ou froid) avec plus de déli-cateſſe & de ſureté, ou parce que les doigts peuvent être trop gros, pour tenir-la choſe ſur laquelle on veut travailler : cela ſe vend chez les Marchands Clinquaillers ; le pre-mier Orfévre vous en fera voir, & même encore l'utilité.

Du Couteau.

JE vous ay déja dit, qu'il vous faut un petit Couteau fin & dé-licat, qui coupe des deux côtez, & rond par la pointe, quoique tran-chante ; qu'il ſoit aſſez ployant, parce qu'il eſt à pluſieurs fins : la premiere, eſt pour ramaſſer les cou-leurs, en les broyant ſur la pierre d'Agathe, & l'autre pour faire des teintes fur vos palettes ; le même Coutelier fera les Eguilles & ce Coûteau : il faut que ces outils foient de bon acier, afin qu'ils ne s'ufent pas fi aifément, parce qu'en s'ufant, il en pourroit refter quelques morfils, en frotant fur la pierre d'Agathe & fur vos palettes : j'en ay déja fait la defcription cy-devant, en parlant du fecond travail pour faire les couleurs tendres.

Du Compas.

IL doit être petit, ferme, & les pointes tres-délicates : on s'en fert peu, mais il eft néceffaire d'en avoir un, afin de le trouver, quand vous en avez affaire.

Du Diamant.

VOus irez chez quelque fameux Lapidaire, & luy demanderez un éclat de Diamant, qui foit fort pointu, & le ferez certir au bout d'une ante de pinceau, avec une petite virole d'argent: ce Diamant sert à percer des petits œillets, qui surviennent quelquefois sur l'Ouvrage, & à ôter des éteincelles, des plaques de fer, qui peuvent se trouver dessus, en sortant du feu, & même à y effacer quelques choses que l'on ne trouve pas bien.

Du Chevalet.

CE Chevalet doit être d'Ebeine, d'un demy pied de long, d'un pouce de large, ses pieds de la même largeur & hauteur, & son épaisseur de quatre lignes : ce ne doit être que pour appuyer votre main, l'avoir plus ferme & assurée, pour fraper avec plus de justesse chaque coup de pinceau que vous donnerez sur votre Ouvrage : quand vous l'aurez usité ou pratiqué une fois, vous en sçaurez goûter l'utilité, & même vous aurez de la peine à vous en passer.

Des Pinceaux.

CEs Pinceaux doivent être tres-fins & délicats; on les achete chez ceux qui en font pour peindre de Mignature : il en faut de différentes grosseurs, & même les faire faire exprès, fçavoir des moyens & des petits tres-délicats ; je le répéte exprès, afin que vous y faffiez plus d'attention : les premiers font pour l'ébauche, & les autres pour finir ; vous en prendrez auffi un, affez gros & doux, pour ôter de tems en tems quelques atômes qui peuvent tomber fur vos Ouvrages : on adapte ces pinceaux à des antes d'Ivoire ou de bois de la Chine, à caufe de leur folidité & propreté ; mais comme ces pinceaux font tres-petits, & que leurs tuyaux de plume s'éclatent, j'ay trouvé le moyen de faire fouder des petites viroles d'argent, à la propice de mes antes ; elles les tient en état, & de forte que l'on travaille hardiment, fans craindre qu'ils tombent, & fe puiffent échaper des antes où elles font adaptées : ce font ordinairement les Orfévres de filagrames qui peuvent faire ces virolles.

Des Boëtes aux Couleurs.

LE premier Tablettier, Tourneur, vous féra ces fortes de Boëtes, foit d'Ivoire ou de Buis : il en faut de deux grandeurs différentes, les unes grandes comme la moitié d'une coquille d'œuf de Pigeon, & les autres groffes comme des petites noix ; les grandes fervent à mettre nos couleurs, qui ne font que pilées & lavées , toutes prêtes à employer pour les broyer, & les petites pour mettre celles qui font broyées & féchées, toutes prêtes à employer au pinceau & fur nos Ouvrages : on doit écrire fur des Boëtes, le nom des couleurs qu'elles contiennent , tendres ou dures : les dures doivent être féparées des tendres, & mises dans des petits coffrets différens, afin de ne s'y point tromper, & que d'un coup d'œil, l'on puisse lire leurs écritaux, pour éviter de prendre une couleur pour l'autre.

Je ne sçay, cher Ariste, si vous serez content de moy, mais je crois avoir bien observé jusqu'aux moindres particularitez, du plus spirituel & du plus beau travail qui se puisse voir : si cet Art est noble, je vous avouë qu'il est difficile sur tout pour ceux qui n'y sont pas initiez ; mais quand une fois on possede ses couleurs, que l'on connoît l'usage de ses outils & de son fourneau, & que l'on a bien conçu les instructions qui se trouvent dans ce Livre, il est difficile aux Peintres en Mignature (un peu ingenieux) de n'y pas reüssir, & je m'assure que dans trois mois de travail, ils y doivent prendre goût, pourveu que leur esprit & leur attention y soient entierement portez, & qu'ils ſçachent peindre en Mignature , ſuivant les préceptes que j'en doi ne dans ce petit Traité , lequel j'ay joint exprès à celuy-cy , pour éviter la peine aux Studieux d'aller chercher plus loin d'autres inſtructions : ils trouveront dans ce petit Volume tout ce qu'on peut ſouhaiter au ſujet de ces nobles talens : quant aux inſtructions que je donne, j'ay fait tout mon poſſible , afin qu'il ne m'échapât rien d'eſſentiel, & néceſſaire à la perfection de cet Art, & de faciliter les opérations, de maniere qu'elles ſe puiſſent comprendre & executer ſans grande difficulté : au reſte , je me flatte que l'on n'exigera pas de moy nombres de petites circonſtances qui ne ſe peuvent exprimer par écrit; puiſque ce ne peut être que la pratique & l'intelligence du génie d'un bon Diſciple , qui le doit mettre au fait de ces ſortes de minuties, & comme je ne crois pas écrire ce Traité pour d'autres que pour des hommes d'esprit formé & de solide conception : il me semble avoir assez dit, mais je conseille ceux à qui j'ay l'honneur de parler, & en faveur de qui je me donne ces soins, de se mettre en chemin, de pratiquer mes préceptes, & de ne point craindre de broüiller du papier, je veux dire, de perdre des couleurs, des émaux & du charbon ; car ce n'est que par là que l'on acquiert l'expérience qui est la maîtresse de tous les Arts : c'est ici où je dois dire, que si véritablement, j'étois obligé de déclarer mon sentiment touchant les personnes que l'on doit admettre à cet Art ; je dirois ingénuëment que toutes sortes d'esprits n'y conviennent pas, & qu'il seroit à souhaiter que ceux qui gouvernent les Etats, fussent attentifs à aider & à favoriser certaines personnes qui se rencontrent avoir un génie supérieur pour les Arts, & des talens naturels & particuliers pour l'execution : il faut à la Peinture en Email beaucoup d'attache, d'amour, de difposition & de patience, ne point craindre ni s'épouvanter de la peine & des difficultez, aller au feu comme des Salamendres, & ne pas fe dégoûter, lorfque l'on ne réüffit pas d'abord: voilà les qualitez néceffaires à l'Artifte qui voudra executer les préceptes & les regles que je donne dans ce petit Livre.

La maniere d'émailler les Plaques.

L A maniere d'émailler les plaques d'or & de cuivre, eft d'affez groffe conféquence, pour ne la pas négliger, & c'eft par plufieurs raifons : la premiere, eft que l'on fe peut trouver dans un païs, où il n'y auroit point de perfonnes qui euffent l'intelligence pour vous les émailler, ce qui pourroit arrêter : la feconde, que quand vous les émaillez vous-même, vous êtes plus fûr de la purgation des œillets, qui furviennent affez fouvent à vos plaques, en finiſſant vos Ouvrages; & la troiſiéme, c'eſt que lorſque cela arrive dans vos ébauches, vous y ſçavez remedier; autrement vous feriez obligez de perdre l'Ouvrage que vous auriez avancé, lequel demeureroit hors d'état de vous pouvoir ſervir; voicy la maniere.

Pilez votre Email blanc dans le mortier d'acier, paſſez-le par le tamis qui ſoit paſſablement ſerré ou fin, ayez trois ou quatre godets de grais, ou quelques taſſes de fayance.

Prenez à peu près la quantité qu'il vous faut d'Email, pour les plaques que vous voulez émailler; mettez-en toujours plus que moins, afin de n'en point manquer.

Mettez cet Email dans un godet de grais, jettez deſſus un peu d'eau forte pour manger la craſſe, qui pourroit être ſortie du mortier en pilant: alors vous connoîtrez qu'il y a de la ſaleté, car l'eau forte vous la fera voir ſur la ſuperficie dans le godet; jettez deſſus de l'eau nette, bien claire, remuez votre Email, & verſez l'eau par inclination dans un autre godet, le plus ſubtil de votre Email tombera avec l'eau : lavez quatre ou cinq fois de même, & juſqu'à ce que vous ſentiez à la langue, que l'eau qui en ſortira, ſoit ſans aucun goût de Sel; à l'égard de l'Email qui eſt tombé dans les autres godets par l'édulcoration, vous le laverez auſſi à ſon tour, il ſera fin ou delié, & propre à émailler des eſſais, ſi vous le voulez ménager, mais ſouvent il n'en vaut pas la peine : cela étant fait, ne laiſſez point votre Email ſans eau, ni à ſec, parce qu'il ſe gâteroit, & ſur tout qu'elle ſoit tres-pure & de ſource, ſi cela ſe peut ; car ſouvent c'eſt l'eau de riviere qui fait ſurvenir des œillets ſur nos plaques, à cauſe qu'elle a preſque toujours une eſpece de limon gras avec elle.

Du Chevalet à émailler.

VOus aurez une petite plaque de cuivre jaune, large de deux doigts, & longue de trois ou quatre pouces, qui soit bien polie; vous l'attacherez avec des petites pointes de fil de loton, dessus un un morceau de bois carré, de la hauteur d'un bon pouce, en sorte que la plaque ait tant soit peu de penchant en derriere, & qu'elle déborde un peu sur le devant : on nomme cette plaque un Chevalet, parce qu'il sert à mettre ou porter l'Email blanc, que vous prenez peu à peu dans le godet de grais, pour appliquer sur votre plaque d'or ou de cuivre que vous voulez émailler : si on le fait pancher en derriere, c'est afin que l'eau s'écoule un peu, & que l'on ait plus de facilité à prendre l'émail avec la pointe de l'Eguille, pour le ranger sur ladite plaque; car autrement, le trop d'eau empêcheroit qu'on ne pût ranger & ferrer les grains dudit Email, les uns contre les autres, qui doivent être même preffez tout le plus que l'on peut.

Il faut d'abord commencer à émailler le deffous des plaques, qui pour cet effet, doivent être pofées fur un mouchoir blanc, ployé en quatre, & en avoir encore un autre déployé, pour fécher & tirer l'eau dedans votre Email, à fur & à mefure que vous voyez qu'elle vous incommode à couvrir entierement votre plaque : il faut obferver de ne point couvrir d'Email le petit cercle ou bafte d'or, fi la plaque en eft; fi elle eft de cuivre, elle doit être entierement couverte, attendu qu'il n'y doit point avoir de bafte : vous ferez cette premiere couche d'Email, tant par deffous, par où vous devez commencer, que par deffus; de forte qu'elle n'aye prefque point d'épaiffeur.

Mais obfervez bien toujours que l Email foit tres-ferré, & qu'il n'y reste point d'eau ; vous la tirerez adroitement , en approchant tant soit peu un petit coin de votre mouchoir blanc contre les bords de l'Email : ce linge sec attirera toute l'eau, mais cela doit être fait tres-délicatement, crainte que vous ne dérangiez votre Email ; car quand cela arrive, c'est un petit embarras, quoyque l'on puisse y remedier adroitement avec la pointe de l'E- guille, en remettant les grains d'E- mail dans leur place : voilà l'ordre de la premiere couche du dessous & du dessus, quand toute la plaque est ainsi couverte légérement, vous la leverez, en glissant l'espatulle de votre Eguille dessous, de maniere qu'elle ne touche point à l'Email, mais que la plaque soit portée sur la spatulle par les deux bords de son diamettre, pour la poser en- suite sur une plaque d'or ou de tolle, que vous aurez toute prête, & si votre plaque émaillée est d'or, & qu'il y ait une baste de fil de

fer

ser à mettre dessous, vous l'y poserez bien également & légérement, crainte de faire tomber l'Email, puis vous la mettrez au feu dans l'ordre que je vous ay dit cy-devant, échauffant votre plaque peu à peu, avant que de la mettre sous la mouffle.

Jusqu'icy, ce n'est qu'une premiere couche, & il en faut du moins deux dessous, & quelquefois trois dessus: recommencez donc la seconde couche de dessous, mais qu'elle soit fort mince; ensuite vous couvrirez le dessus proprement & uniment, observant une fois pour tout, que le dessus doit être couché plus épais que le dessous; mais soignez toujours d'en bien tirer toute l'eau, puis remettez-la au feu comme cy-devant: après l'en avoir tiré, s'il y avoit encore quelques petits creux à remplir; il faut broyer un peu d'Email blanc dans le mortier d'Agathe, & le laver avec de l'eau nette, pour en faire écouler

I

le plus delié par inclination : car
si vous le mettiez avec l'autre qui
reste dans le mortier, & vous en
serviffiez ensuite ; il vous feroit une
infinité de petits œillets qui perdroient entierement votre plaque :
on le broye un peu, comme je viens
de dire, parce que, si vous le mettiez gros, comme les deux autres
fois, il feroit trop épais, pour ne
faire autre chose que remplir de
fort petites concavitez : ce troisiéme travail étant fait & bien féché,
remettez-le au feu, qui ne soit pas
si violent qu'aux autres fois, parce
qu'il n'y a que peu d'Email à parfondre, & qu'il y a déja un fondant deffous qui luy facilite sa fonte :
après quoy il faut avoir du sablon
d'Etampe dans un pot à part, &
du cristal pilé dans un autre, paf-
fez-les tous deux au tamis ; ensuite
vous devez avoir deux pierres, comme celles qui servent à aiguiser les
faux des Faucheurs de foins, sçavoir une moyenne, & l'autre un

peu plus petite & aiguë par les deux bouts.

Ayez aussi un bâton de bois blanc, gros comme le pouce, & long comme la main, lequel doit être plat par le bout ; puis avec la grande pierre & du sablon, vous égaliserez & unirez le dessus de votre plaque en goute de suif : alors elle sera dépolie, & entierement mate ; mais observez bien, s'il n'y a point quelques petits œillets qui se découvrent, s'il y en a, vous prendrez votre pointe de diamant (& jamais de fer) en percerez ces œillets, afin de les prévenir, qu'ils ne puissent pousser davantage, quand vous y travaillerez avec vos couleurs ; voilà ce que j'appelle purger la plaque : mais qu'il s'y trouve des œillets ou non, à présent vous prendrez le bâton de bois blanc, & avec un peu d'eau & de cristal pilé, vous recommencerez à polir votre plaque légérement & assez long-tems : remarquez icy, que si

vous ne purgiez pas votre plaque
de ces œillets, vos couleurs ne subsisteroient pas au feu, quand elles
seroient appliquées dessus, & que
vous voudriez apporter du remede
à ce mal ; après donc que vous aurez poli vos plaques avec le cristal, prenez encore un peu de votre Email blanc qui est passé au tamis, & avec l'autre bout de votre
bâton, vous la polirez encore ; après
remettez-la au feu, mais avant que
de reboucher les trous ou œillets
qui s'y peuvent trouver, vous devez l'avoir soyettée avec une brosse
de poil de Sanglier & de l'eau nette;
l'ayant bien essuïée & séchée, mettez la hardiment au feu, comme
vous avez fait les autres fois, puis
étant retirée du feu, rebouchez les
trous; mais en les rebouchant, prenez garde de n'y pas mettre plus
d'Email qu'il ne faut, pour égaliser
avec le reste de la plaque ; car souvent ils ne doivent être rebouchez
qu'avec des grains d'Email , plus

ou moins gros, selon & suivant les trous où vous les mettez ; remettez encore votre plaque au feu, pour parfondre ces grains ou peu d'Email, & votre plaque sera finie.

Si néanmoins il arrivoit que quelques-uns de ces grains, que vous avez mis dans ces œillets, que vous venez de reboucher, fut trop épais, vous vous servirez d'un des coins de la petite pierre aiguisoire, avec un peu d'Email blanc, au lieu de sable ou de cristal, pour en user l'épaisseur, puis encore avec le bâton de bois blanc & dudit Email, vous repolirez dessus & soyetterez : on se sert d'Email pour frotter ces dernieres petites façons, parce qu'il est semblable à celuy de la plaque, & qu'il n'y peut rien rester que ce qui pourroit être de luy ; mais que le sablon ou le cristal y seroient peut-être préjudiciables, s'il y restoit quelque chose de leur matiere.

N'est-il pas vray, Lecteur, qu'il semble que voilà un grand travail ;

il vous paroît tel; mais croyez-moi, quand on est aprés, il n'est pas si excessif, qu'en le voyant par écrit: car pour expliquer toutes ces especes de minuties, il est impossible de le faire en peu de mots?

On émaille ordinairement plusieurs plaques de suite, afin de n'avoir qu'un même feu pour toutes, & de ne pas recommencer souvent ce travail: il est nécessaire d'en faire de différentes grandeurs, pour y avoir recours, suivant les Portraits ou autres Ouvrages que l'on veut faire.

Lorsque vous émaillerez ces plaques, il faut aussi émailler des petits morceaux de cuivre préparé, comme pour faire des épreuves, ainsi que je vous l'ay dit cy-devant: parce que vous en aurez affaire fort souvent, pour éprouver vos couleurs, & les égaliser à parfondre sur vos Ouvrages.

Quant aux plaques de cuivre, aussi-bien que les épreuves que vous devez émailler, ce doit être in-continent aprés les avoir ſtratifiées, comme je vous l'ay enſeigné, & remarquez, que ſi vous étiez un peu de tems ſans les couvrir d'E-mail, vous ſeriez obligez de les re-décraſſer encore avec de l'eau ſe-conde : car autrement, elles pour-roient pouſſer quelque craſſe ou ver-det, qui gâteroient vos Emaux.

Cette eau ſeconde ſe fait avec un verre d'eau nette, & vingt ou trente gouttes d'eau forte : on la met dans un boüilloir, ou petit pot de cuivre rouge, avec les plaques & les épreuves, puis on les fait boüillir un moment ſur quelque peu de feu, aprés il les faut retirer, & les jetter dans de l'eau froide & nette, pour les frotter & ſoyet-ter enſuite avec la broſſe, les ſé-cher avec un linge blanc, & aprés ſur un petit feu ; ce travail ſe doit faire tout de même aux plaques d'or.

Mais avant que d'émailler ces

plaques de cuivre, il les faut embouttir, c'est-à-dire, qu'il les faut
vouster par dessous, comme les plaques d'or : cela se doit faire avec
un petit brunissoir d'acier, dont l'un
des bouts est rondelet, & l'autre
pointu ; mais ses côtez doivent être
carrez & tranchans : on en trouve
de tous faits chez les Marchands
Clinquaillers, & aussi des pierres à
user.

Pour embouttir ces plaques, on
les appuïe sur un morceau de bufle,
& avec le bout rond du brunissoir,
l'on frotte légérement & adroitement par dessous, pour les élever
par dessus en goute de suif, comme
celles d'or.

La manœuvre que je viens de
décrire, ne vous est pas inutile,
quoyque vous n'émaillerez pas vos
plaques vous-même : car cela vous
apprend à remedier aux petits accidens qui y peuvent arriver en travaillant à vos Ouvrages ; autrement
vous auriez de la peine à y reme-

dier, & sans doute vous vous y trouveriez souvent embarrassez, comme vous allez voir : par exemple, quand vos Emaux n'ont pas pris le poliment également par tout, vous demeureriez tout court ; mais il ne s'en faut pas étonner ni dégoûter : on prend un peu d'Email blanc, & on en frotte légérement ce qui n'est pas poli avec le bâton de bois blanc, puis en le remettant au feu, il devient fort beau, & s'il y survient encore quelques petits œillets, ne leurs pardonnez pas, persez-les pour peu que vous les remarquiez, afin d'y remedier avant que votre Ouvrage soit plus avancé : car si vous êtes obligé de le remettre au feu dans ce tems-là, il fera passer vos couleurs & brûler votre plaque ; quand donc ces accidens que nous venons de dire arrivent, & que vous avez percé ces œillets, il les faut encore frotter avec de l'Email blanc & le bâton, car autrement ils ne reprendroient point le poliment ; & de plus, après les avoir ainsi frottez avec le bâton, il est nécessaire de les bien soyetter derechef avec la brosse & de l'eau nette ; ensuite les remettre au feu, puis après les reboucher encore avec des petits grains d'Email blanc, du plus tendre, ou de la couleur qui est au lieu, où se trouvent les œillets : quand je dis de la couleur, j'entend que ce soit d'Email épais en grains ; car les couleurs broyées ne rempliroient pas.

Il arrive encore quelquefois, que des étincelles de votre plaque de fer ou de charbon, tombent sur votre Ouvrage : on y remedie en prenant la pointe de diamant, avec laquelle on enleve tres-légérement ces ordures, & l'on frotte ces endroits là avec le bâton & de l'Email blanc, afin qu'ils reprennent poliment.

Je crois que cela vous doit suffire, pour vous mettre au fait de

cet Ouvrage, puisque je vous en
ay levé toutes les difficultez, &
donné les moyens de remedier à
tous les inconvéniens qui y peuvent
arriver, lesquels je vous assure, ne
font qu'un jeu à un homme de
cœur, qui y est une fois initié, &
qui aime fon Art.

Il n'y a rien d'inutile dans tout
ce que je vous viens d'enseigner,
& qui ne soit tres-nécessaire de sçavoir, d'autant que si l'on se trouvoit dans quelque pays, où on ne
trouvât point d'Orfévre, ou autre
personne qui fussent au fait de ces
choses là (comme je vous l'ay déja
dit) vous demeureriez sans pouvoir
travailler : je vous le répéte exprès,
sçachant par expérience, que dans
la plus grande partie des Cours,
où j'ay eu l'honneur de me trouver ; si un Orfévre avoit sçû émailler une plaque pour un Portrait,
il auroit crû être le premier homme
du monde : ce n'est pas encore tout,
quoyque je me flatte que vous de-

vez être content de moy jusqu'à present; je me sens néanmoins obligé de vous donner de plus quelques petits avis, pour n'avoir rien à me reprocher, & pour ne rien oublier, qui soit utile à la perfection de ce Livre, qui, comme je l'espere, fera plus d'un habile homme dans le genre d'Ouvrage que j'enseigne: je proteste que ce sera un grand plaisir pour moy, si j'en peux avoir quelque connoissance, avant que de finir ma carriere.

Soyez donc persuadez, qu'en travaillant on se dessille les yeux, & qu'à mesure que nous avançons, nous découvrons toujours quelque nouvelle invention qui nous met au fait de notre entreprise, & nous la facilite.

C'est pour ce sujet, qu'un homme qui a de l'ardeur pour son Art, doit incessamment avoir auprès de luy un Livre de papier blanc, une plume & de l'encre, afin de ne rien laisser échaper des fautes qu'il peut faire, pour éviter d'y retomber, & de même, écrire toutes les bonnes remarques qu'il fera des choses qui luy réüssissent.

Ainsi que vous devez avoir grand soin, d'écrire exactement les doses des fondans que vous donnerez à chacunes de vos couleurs : car si vous ne le faites, vous n'y trouverez pas votre compte, & aurez sans cesse à recommencer, pour mettre vos couleurs d'accord & d'une même fonte.

Il en doit être tout de même aux couleurs tendres, quoyque bien différentes des dures, & que leur employ soit une autre manœuvre : car c'est d'elles que dépend toute la perfection de notre Ouvrage, & de ce beau travail qui enchante les yeux de ceux qui le regardent.

Enfin vous ne trouverez pas tant de difficulté pour accorder celles-cy, que les Emaux durs, puisque vous en aurez bien moins à accorder.

La maniere de faire revenir les couleurs broyées.

VOus aurez encore un autre Ouvrage à faire, lorsque vous broyerez vos couleurs, que je crois que vous possedez toutes, ou du moins vous le devez, puisque je vous les ay données avec toutes sortes de soins.

Il les faut broyer avec votre huile d'aspic la plus subtile ; étant bien broyée, vous les mettrez dans des petits carrez de carte, grands comme un liard, vous en releverez les bords, comme un petit bateau, & mettrez vos couleurs dedans : ces cartes servent à deux fins ; la premiere, c'est qu'elles boivent l'huile d'aspic ; & l'autre, est que vous les laissiez sécher dedans, sur un peu de cendres chaudes, ou éloignées du feu, de crainte qu'elles ne se brûlent, & parce que la fumée de cette huile est fort susceptible à la flâme du feu, & qu'elle l'attire puisfamment ; fi cela arrivoit, vos couleurs deviendroient noires comme du charbon.

Lorfqu'elles feront bien féchées, vous les ôterez du carton, & les mettrez chacune en particulier dans ces petits creufets, dont je vous ay donné cy-devant la maniere avec les mouffles, pourvû que ces creufets foient bien cuits.

Vos Emaux étant dans cet état, feront tous d'une même couleur, & comme cendreufes : mais je vous ay déja dit cy-devant, en parlant des feux, qu'il falloit faire revenir les couleurs qui étoient comme perduës ; voicy l'occafion de vous en donner la maniere.

Les ayant mifes dans ces creufets, approchez-les peu à peu de quelques petits charbons de feu, fur le bord de votre fourneau, & à mefure qu'elles prendront tant foit peu de chaleur, vous les approcherez davantage, fans pourtant qu'elles en prennent trop ; laiffezles affez de tems à ce degré de feu, vous verrez qu'elles reprendront la belle couleur qu'elles avoient avant que d'être broyées, & vous donneront la fatisfaction de les employer avec un peu plus d'agrément.

Des Palettes.

CEs Palettes font tres-fimples, n'étant que des fragmens de quelques pourcelines caflées, dont vous choifirez quelques petits morceaux, des plus unis & des plus plats : vous obferverez de prendre toujours de la plus dure, & où il n'y ait point de petits œillets creux ni d'élevez : on en trouve quelquefois qui font fort épaiffes, ordinairement c'eft la meilleure & la plus dure ; fi vous en trouvez quelque beau morceau, le premier Lapidaire vous en formera vos Palettes, de quelqu'épaiffeur & figure que vous voudrez, même les rendra fort unies & polies : à l'égard

des petits morceaux , dont vous
pouvez avoir affaire seulement pour
examiner vos teintes dessus , vous
ferez arrondir les contours par un
Rémouleur de coûteaux : cela ne
se fait que pour une plus grande
propreté , laquelle est tres-essen-
tielle à notre Art.

Composition des teintes des Emaux durs.

JE suppose que vous sçavez peindre en Mignature, & que vous
n'ignorez pas la maniere de composer vos teintes ; c'est à ce sujet,
que je vous ay fait émailler des petites épreuves , en émaillant vos
plaques ; parce qu'elles vous doivent servir à faire des essais de vos
Emaux, avant que de les employer
sur vos Ouvrages : ces petits morceaux de pourcelines qui vous servent de moyennes palettes, ne sont
seulement que pour délayer les couleurs & vos teintes, pour les mettre ensuite sur ces essais, & encore

pour les ranger plus proprement sur
vos grandes palettes, lorsque vous
voulez travailler à quelque Portrait
ou autre : enfin, voicy l'ordre de
faire vos épreuves.

Vous composerez une teinte,
pour faire le fond de vos carnations, pour hommes ou pour femmes ; faites-en une épreuve de toutes deux sur le même essay, tout
de même des cheveux blonds, bruns
& noirs, aussi sur un même essay à
part ; pour des fonds de Portraits,
comme il y en a de différentes couleurs, vous en devez faire encore
un autre essay de tous ensemble,
& parfondrez tous ces essais sur une
même plaque de fer, suivant l'ordre que je vous ay prescrit cy-devant, en mettant l'Ouvrage au feu,
en observant toujours, qu'il faut
faire revenir ces couleurs de la même façon que j'ay dit cy-devant.

Et pour que vous n'ignoriez point,
de quelle maniere ces teintes se doivent composer avant que d'en faire

faire des épreuves ; il est à propos de vous dire, que ce n'est pas seulement sur la palette ; car ce seroit ne rien faire d'assuré, mais on en doit faire une petite quantité à la fois dans le mortier d'Agathe, en pésant bien exactement les doses, que vous y mettez de chaque couleurs, avec des petites balances de trébuchet, & des grains de cuivre qui le doivent ordinairement accompagner : vous devez être soigneux d'écrire le poids des grains de chaque couleur, dont vous composez ces différentes teintes, afin qu'après que vous en aurez fait les épreuves sur les essais, si vous ne les trouviez pas à votre gré, vous y puissiez ajoûter la couleur que vous jugez à propos, qui doit y convenir pour faire la teinte que vous souhaitez.

Ces compositions de teintes doivent être broyées tres-long-tems dans le mortier d'Agathe, avant que d'en faire les essais ; car autrement elles vous tromperoient, parce que les couleurs ne feroient pas mêlées ; mais je vous le répéte encore, foyez exact à écrire les dofes & les augmentations que vous y ajoûtez, pour n'avoir plus une autre fois à chercher, quand vous voudrez faire ces mêmes teintes.

Je ne vous en peux donner aucunes notions certaines, ainfi que je crois que vous le jugez bien, parce qu'à ce fujet, chaque Peintre a fon goût différent ; mais je fçay parfaitement bien, que plus vous ferez d'épreuves, plus vous deviendrez fçavant : quand une fois vous ferez content de vos teintes, vous les mettrez dans vos boëtes avec un écriteau : je ne vous puis dire autre chofe fur ce fujet, finon que toutes fortes de teintes fe doivent faire de cette maniere, & qu'enfuite vous pouvez travailler fort tranquillement.

Quoyque je me fois diftrait des teintes que l'on met fur les palettes,

je veux vous dire néanmoins, que
des principales teintes, vous en faites plusieurs autres, en les mariant
ensemble selon l'Art, lequel je su-
pose toujours que vous devez sçavoir : mon Traité de Mignature,
n'est positivement fait, que dans
l'esprit de servir à ceux qui veulent
peindre en Email, ausquels je conseille de ne le point négliger : ils
y connoîtront que les teintes d'E-
mail se rangent sur la palette, comme celles de la Mignature.

Enfin, si vous êtes Artiste, cher
Lecteur, & que vous vouliez voir,
si toutes vos couleurs & vos teintes sont d'accord, & parfondent
également; vous prendrez une de
vos petites plaques émaillées de
blanc, sur laquelle vous coucherez
un peu de chaque teintes de différentes épaisseurs, par là vous connoîtrez deux choses (aprés que vous
les aurez parfonduës) la premiere,
si vos couleurs sont d'accord, &
l'autre, l'effet de vos teintes cou-

chées plus ou moins épaisses.

Et cette même plaque doit être presque toujours devant vos yeux; car elle vous montre sans cesse l'effet de vos couleurs.

Du travail des rouges de Mars, des Noirs & des Périgueurs.

JE suppose encore, que je parle à une personne qui sçay peindre, & qui doit avoir fait à present l'ébauche d'un Portrait ou autre Ouvrage d'Email, dans l'ordre que j'ay prescrit cy-devant, lorsque nous avons parlé des feux, & de la maniere de faire revenir les couleurs.

Etant donc bien ébauché & terminé, le plus que vous aurez pû; (car plus il sera terminé à l'ébauche, plus il deviendra beau, quand vous le finirez avec des couleurs tendres, dont j'ay à vous parler presentement:) observez donc bien, que si votre Ouvrage n'est pas avancé suffisamment à cette ébauche,

il restera toujours foible, quelques
peines que vous puissiez vous donner à le terminer au finir ; mais
s'il a de la force, vous prendrez
un plaisir incroyable à le mettre en
sa perfection, & aurez bien plutôt
fait : néanmoins vous devez observer que votre Ouvrage ne doit aller
au feu que trois fois à votre ébauche, dans la crainte que vos pre-
mieres teintes ne se passent, & qu'il
ne survienne quelque œillet, qui
alors vous donneroit beaucoup d'ouvrage : en ce cas, je vous ay dit
cy-devant de quelle maniere on y
doit remedier.

Vos rouges de Mars, les Noirs
de cendres & vos Périgueurs, ayant
leur fondant, comme vous devez
leur avoir donnez, & de ceux dont
je vous ay fait faire les compositions en qualité de fondans tendres, & les ayant tres-exactement
accordez pour parfondre également,
vous ferez encore des épreuves de
toutes ces couleurs ensemble sur un

essay, où vous aurez couché & parfondu de toutes les teintes & couleurs dures, qui sont dans la composition de votre ébauche; & dessus cet essay, vous tirerez des petits traits de plusieurs & différentes épaisseurs, des couleurs qui conviennent sur celles de vos Ouvrages, sur lesquels vous avez à travailler? afin que par cette épreuve, vous puissiez juger du fort ou du foible, dont vous les devez employer sur votre Ouvrage, en le finissant, pour éviter de vous y tromper.

Il est à propos icy de vous faire remarquer, que ces couleurs tendres ne se gouvernent pas comme nos Emaux durs, & que quand elles n'ont pas assez de fondant, on leur en peut ajoûter, & lorsqu'elles en ont trop, l'on y doit ajoûter de la même couleur, qui n'a point encore de fondant, & cela à proportion de la quantité de composition que vous en avez faite, qui doit

être

être dans le mortier d'Agathe, afin de mêler intimement ces fondans avec les couleurs, de sorte qu'elles ne vous puissent point tromper à leurs épreuves; si les fondans n'étoient pas bien mêlez, ce seroit la cause, qu'elles ne feroient pas leurs effets.

Vous finirez tous vos Ouvrages de les trois couleurs: dans les carnations, il n'y aura que votre rouge de Mars, & votre Noir de cendre qui doivent faire toutes vos teintes, du plus au moins rouges, & c'est là où doit être votre discrétion, si vous êtes Peintres; & à l'égard des Périgueurs, vous en ferez de même, plus ou moins mêlez de rouge, suivant les endroits où vous jugez à propos de les employer.

Ces trois couleurs doivent être rangées sur votre petite palette, très proprement, pour en faire toutes vos teintes, comme je le viens de dire; vous les délayerez avec de l'huile d'aspic, vous servant à

K

cet effet de votre petit coûteau, pour transporter vos couleurs & vos teintes d'une palette sur l'autre, pour une plus grande propreté.

Je ne sçay, si vous serez content de moy ; mais certainement, je suis au dernier période de profondeur & d'épuisement, des intelligences de mon Art : regardez-moy donc icy, comme le Pélican solitaire, qui donne le sang de sa poitrine, pour mettre ses petits en état de subsister seuls, lorsqu'ils seront assez forts, mais aux conditions, que quelque jour ils en feront autant à d'autres : si vous jugez que je n'aye pas assez dit, vous ne devez point douter, qu'il est impossible, quelques soins que se puisse donner un Artiste, de pouvoir s'énoncer & dire toutes les petites particularitez qui se trouvent dans les Arts, lesquels ne sont appellez tels, qu'autant que la plus grande partie des minuties, de leurs régles, n'ont que des termes generaux pour les exprimer : ainfi comme je fuppofe, que c'eſt un bon Diſciple qui eſt choiſi pour exercer cette ſcience ; il doit par ſes affiduitez & ſes expériences, ſuppléer à ce qui ne ſe peut énoncer par écrit.

Préparation des huiles d'aſpic.

CE ſont des Marchands Provenceaux qui vendent ces huiles aux autres Droguiſtes à Paris : ſi vous les pouvez avoir de la premiere main, vous ſerez heureux, dans la crainte que ſortant de leurs mains, elles ne ſoient mêlées de terebinthine, pour les multiplier, laquelle infecte l'huile, dont nous parlons : le propre nom de celle que nous devons employer, eſt huile de l'avande, quoyqu'on l'apelle vulgairement huile d'aſpic ; la meilleure, pour ce que nous en avons affaire, eſt la plus récente.

Vous broyerez vos couleurs de cette huile, telle qu'elle eſt, ſortant des mains du Marchand, supposant néanmoins qu'elle soit pure & nette ; mais pour en travailler au pinceau & à l'éguille, comme je l'ay dit, il la faut engraisser de la maniere qui suit.

Prenez une fiole de verre, longue & grosse comme le doigt, la plus petite est la meilleure ; emplissez la de cette huile jusqu'à la moitié, & vous petrirez un morceau de mie de pain tendre entre vos mains, dont vous ferez un bouchon à cette fiole ; en étant bien bouchée, mettez-la peu à peu auprès du feu pour l'échauffer doucement, crainte qu'elle ne se casse, en l'approchant froide près du grand feu : enfin vous la mettrez sur de la cendre chaude, & tout autour, des charbons qui l'environnent de loin, comme un petit feu de roüe ; en sorte qu'elle fremisse seulement pendant tres peu de tems, puis vous la ferez boüillir à petits boüillons, en approchant le feu un peu plus près, & vous la ferez ainsi évaporer au travers de la mie de pain, jusqu'à ce que la couleur de cette huile soit jaunâtre, & de couleur ambrée : cela doit arriver, quand elle sera évaporée à peu près de sa moitié, alors vous en ferez l'épreuve avec quelque peu de couleur, pour voir si elle vous donne la facilité de l'employer au pinceau, sinon remettez-la boüillir encore, jusqu'à ce qu'elle fasse ce que vous en souhaitez.

Pour décrasser l'huile d'aspic.

POur décrasser ces huiles & les rendre tres-pures, l'on calcine un peu d'alun sur une pelle de fer, que l'on fait rougir au feu : quand elle est rouge, on met l'alun dessus, lequel se gonfle & se calcine, devenant blanc comme la neige.

Quand il sera froid, jettez-en gros comme une petite noix sur une once d'huile, mettez cette huile dans une cornuë de verre, & la diſtillez juſqu'à ce qu'il n'y reſte au fond qu'une huile tres-rouge, qui ne peut ſervir qu'à faire mourir les punaiſes; & de celle qui ſera diſtillée, vous pouvez vous en ſervir pour broyer vos couleurs; mais pour travailler au pinceau & à l'éguille, ſervez-vous toujours de la graſſe tirée de la naturelle, comme je vous l'ay dit cy-devant.

Pour faire l'huile d'aſpic.

JE vous avouë que ces huiles nous ſont de groſſe conſéquence, & que l'on a aſſez de peine pour en trouver de bonne, étant preſque toutes mêlées de terebinthine, ou autres drogues pour l'amplifier: j'ay donc jugé à propos de vous dire, que ſi on la pouvoit faire ſoy-même, il y auroit plus de ſureté; voicy comme elle ſe fait.

Prenez de la lavande, la quantité que vous voudrez, & qu'elle ſoit fort nette, vous la pilerez dans un mortier de verre avec ſon pilon; étant bien pilée, comme pour faire un cataplasme, mettez-la dans un sachet de bon canevas, que vous poserez sous une presse pour en tirer l'huile, que vous receüillerez diligemment dans quelque fiole de verre, que vous boucherez aussi-tôt ; cette huile vous paroîtra d'abord fort vilaine, mais ne vous en étonnez pas? mettez cette bouteille en lieu où le Soleil ne donne pas, elle se purifiera d'elle-même.

Pour faire l'huile de Mastix.

SCachant que cet huile est quelquefois nécessaire pour boucher certains petits œillets creux, qui peuvent se trouver sur nos plaques à la fin de nos Ouvrages, & qu'alors nous ne les voulons plus risquer au feu ; j'ay crû que pour finir mon Traité de la Peinture en Email, je vous devois donner encore cette petite intelligence qui peut servir à plus d'une chose, &

ce sera suivant le génie de celuy qui la pratiquera; voicy la maniere de la faire.

Il faut concasser du Mastix en larmes dans un mortier, où en emplir la moitié d'une cornuë, après l'avoir mêlé avec autant pésant de sablon d'Etampe, lequel doit être bien lavé & bien sec, aprés il le faut distiller comme l'huile d'aspic, & le sablon ne luy sert que d'interméde pour empêcher le Mastix de se gonfler.

Autre huile de Mastix.

PRenez une fiole de verre assez forte, & de telle grandeur que vous voudrez, pour la quantité d'huile que vous voulez faire; emplissez-la à moitié de sandarac, puis achevez de l'emplir d'huile d'aspic; bouchez-la bien, & exposez cette fiole au Soleil pendant les trois mois plus chauds de l'année; sçavoir, Juin, Juillet & Août : vous aurez le soin de secoüer la fiole

de tems en tems, afin que l'huile
pénétre mieux le fandarac, & vous
aurez une tres-bonne huile de
Maftix.

Traité des Emaux flinquez.

ON ne peut pas employer toutes fortes de ces Emaux, in-
différemment fur tous les métaux,
& le cuivre qui reçoit tous les Emaux
épais, n'en fouffre pas un clair :
pour donc employer ces fortes d'E-
maux clairs fur du cuivre, il faut
auparavant y mettre deffus une couche de verd ou de noir, fur lequel on met une feüille d'argent,
qui reçoit les Emaux qu'on y veut
appliquer ; c'eft-à-dire néanmoins
ceux qui font propres, & qui conviennent pour l'argent : car tous ces
fortes d'Emaux ne s'en accommodent pas, il n'y a entr'eux que l'Ai-
gue-marine, l'Azur, le Verd & le
Pourpre, qui y faffent un bel effet ;
la raifon pour laquelle le Pourpre
clair n'eft pas fi beau fur l'or que

fur l'argent, eſt fort aiſée à comprendre, puiſque l'on voit bien que ce n'eſt que ſa couleur jaune qui altére la couleur de Pourpre.

Vous obſerverez qu'il faut employer de l'or tres-fin pour ces ſortes d'Emaux; car ils plombent ſur de l'or bas, & deviennent louches, c'eſt-à-dire qu'il y ſurvient un certain noir, comme une fumée qui obſcurcit la couleur de l'Email, & en ôte la vivacité, le bordoyant & ſe rangeant tout autour, comme ſi c'étoit du plomb noir.

Les bons Ouvriers diſent que l'Email rouge, pour être de bon uſage, doit être tres-doux à parfondre, & mal-aiſé à brûler; & que celuy qui eſt tendre, & ſe brûle facilement, n'eſt pas de bon uſage; car il devient ſale & comme cendreux.

Il faut encore remarquer que des autres Emaux clairs, il y en a de plus durs les uns que les autres, que les plus durs ſont les meilleurs,

& que parmy les durs, il y en a
encore de meilleurs : car il s'en
trouve qui perdent leurs couleurs
dans le feu, & qui ont plus ou
moins de vivacité les uns que les
autres.

Que les rouges ne sont rouges
que par accident, & ne sortent jamais du feu que jaunes & non rouges, quand ils sont appliquez sur
l'or, mais quand en les retirant du
feu, on les tournent & mitonnent
à l'entrée du fourneau, ils reprennent une couleur rouge, & c'est
alors que les bons Ouvriers disent
qu'ils les rougissent en les colori-
sant.

Les beaux rouges clairs se font
avec du cuivre, de la roüille d'an-
cre de fer de vaisseau de mer,
de l'orpiment, du sablon d'Etampe,
de la soude & du sel de verre : je
finis en disant que je crains que
Messieurs les Orfévres ne trouvent
pas que j'ay assez dit de ces sortes
d'Emaux ; mais je m'accuse ingé-

nuëment devant eux que je n'en ay pas fait mon capital, & les prie de croire, que le peu que j'en ay dit, n'est pas pour les habiles Maîtres, que ce n'est seulement que pour les Eléves à qui j'adresse ce petit Traité, & leurs donner quelques notions, afin de les initier en quelque façon dans ces sortes d'Ouvrages, dont comme en tous autres, la pratique vaut mieux que toutes les théories que l'on puisse donner par écrit; ils me feront honneur, s'ils m'en sçavent quelque gré, c'est de quoy je les prie.

Traité de la Peinture sur verre.

QUe de belles choses se perdent, faute de cultiver des génies propres & convenables pour les méditer; je ne puis assez répéter combien il est nécessaire aux Etats d'élever des esprits, dans lesquels on trouve des dispositions propres pour y faire attention; tres-souvent les personnes qui possédent de gros biens, n'y font pas propres, & même n'y conviennent pas, ne se pouvant donner les soins, ni la grande application qu'il faut y apporter, ce qui ne les accommode pas, & qui pourtant y font comme attachées.

Cherchons donc ceux ausquels nous trouvons ces belles qualitez, en les aidant des biens de la fortune, afin de leur donner des forces pour tirer Cerbere des enfers, je veux dire pour découvrir des choses si occultes & si penibles, faisant en forte de les mettre hors des ténébres, & leur donner le jour.

Souvent des personnes d'esprit m'ont dit à moy-même ; on a perdu beaucoup de belles choses, entr'autres, telles & telles qui étoient d'admirables inventions : à la vérité je ne faisois pas semblant de les entendre ; mais s'il m'eût été permis de répondre, comme je le pensois ; j'aurois dit qu'elles ne se perdroient pas, si on aidoit ceux qui les profeſſent ; qui, quoyque honnêtes gens, tombent dans une eſpece d'oubly, & pour ainſi dire dans l'indigence, faute d'être aidez, leſquels ſeroient au comble de leur joye, de trouver comme une eſpece d'huile pour entretenir la lumiere de leur eſprit ; & tout au contraire, s'ils veulent pourſuivre leurs belles découvertes, ils ſont des ridicules de s'employer à des choſes qui ne leurs donnent pas du pain ; mais qu'on y faſſe réfléxion, & l'on connoîtra qu'il eſt conſtant que le plus difficile eſt de découvrir & d'inventer, & ſouvent c'eſt ce qui donne les moyens & les occaſions à d'autres, de mettre à execution ce que le tems ne leur a pas permis à eux-mêmes : tout le monde conviendra donc que c'eſt beaucoup d'inventer & de trouver, & que de faire enſuite, eſt peu de choſe en comparaiſon.

Un grand Roy, je veux dire François I. qui a été le pere de

tous les vertueux de son tems, ne
négligea rien, pour attirer dans son
Royaume, ce qu'il y avoit de plus
beaux esprits dans toutes sortes de
sciences : ne semble-t-il pas s'être
plus particulierement attaché aux
Emaux & à la Peinture sur verre,
qu'à toutes les autres ? (après les
belles Lettres) ce qui me fait remarquer qu'il y trouvoit des sin-
gularitez, à quoy il s'attachoit ex-
traordinairement, c'est qu'il a pris
plus de soin (à ce qui me paroît)
de nous en laisser plus grande quantité de monumens, que de tous les
autres Arts qui florissoient de son
Regne ; & comme il entretenoit ces
sortes de vertueux honorablement,
il les avoit obligez en quelque façon de faire nombre de Disciples
ou Eléves ; mais ces habiles hommes ne leur donnoient que d'un
certain genre de couleurs, & se
réservoient les belles & précieuses ;
ils leur donnoient néanmoins toutes prêtes pour les mettre en œu-

vre ; mais à l'égard du fecret, ils
le laiffoient à leurs enfans ou autres héritiers, encore falloit-il qu'ils
conneuffent en eux les qualitez requifes, finon le fecret étoit enfe-
vely avec ces rares hommes, & fe
perdoit pour leur famille ; il arriva
par la fuite du tems, que grand
nombre de ces Ouvriers qui avoient
travaillé pour ces habiles Maîtres,
& qui ne connoiffoient rien des
belles intelligences de la fabrique
de leurs riches couleurs, s'ingere-
rent d'en faire de telles que leur
génie étoit capable de leur four-
nir, lefquelles il étoit facile à ces
gens-là de donner à bon marché,
en comparaifon de celles de ces
fçavans hommes.

Aprés la mort de ce grand Prince,
où l'argent ne fe trouva plus fi
commun qu'auparavant, on voulu
ménager ; mais comme ces Illuftres
à qui je pourrois donner la qualité
de Philofophes, ne pouvoient fur-
venir à la dépenfe de la fabrique

de leurs belles couleurs, en donnant leurs ouvrages aux mêmes
prix, que ces nouveaux venus, &
qu'il ne se trouvoit plus de Curieux
foncez en argent pour le beau travail; cela fut le sujet qui leur fit
prendre la résolution de faire re-
gretter quelque jour la perte que
l'on faisoit en eux, & de leurs
beaux secrets.

Je souhaiterois être assez heureux, pour espérer de pouvoir re-
donner ces intelligences à ma Pa-
trie, qui les croit perduës, & qui
(à ce que je m'imagine) ne le sont
pas : car vous, Philosophes, à qui
j'ay l'honneur de m'adresser, &
non aux Ouvriers : n'est-il pas vray
que tous les métaux peuvent être
réduits en amauses solubles, de même que le cuivre, & cela par le
moyen de l'eau de Saturne, avec
l'addition des sels & du sablon d'E-
tampe, ou autres?

Si donc on examine le cuivre,
on en tirera un rouge, comme ce-

luy des vîtres de la Sainte Chapelle de Paris ; puis qu'après la solution qu'on en fait avec l'eau du plomb ou de saturne, que l'on laisse en digestion autant de tems qu'il est nécessaire ; l'humidité s'en déséche , le métal s'endurcit & retourne en corps métallique ; mais parmy ce métal , il s'y engendre des petites amaules ou étincelles de verre , desquelles l'on fait du verre tres-rouge.

Vous devez juger à present si ces excellens Peintres sur verre, & en même tems des plus spirituels Philosophes , pouvoient faire des beaux panneaux de vîtres , à bon marché , & si on le pourroit faire encore ; prenez garde à l'opération qui suit à ce sujet; elle pourra vous donner l'intelligence pour en faire nombre d'autres.

Mettez dans un bon creuset la quantité d'Emeril rouge que vous voudrez, puis l'enfermez dans un grand reverbere avec un feu que

vous jugiez y devoir convenir, laif-
fez-le là-dedans l'efpace de quatre
ou cinq heures, & même jufqu'à
ce qu'il fe vitrifie aux côtez du
creufet; alors tirez-le du feu, &
le réduifez en poudre tres-fine, jettez cette poudre dans un matras
proportionné à la matiere, & de
l'eau régale par deffus, puis laif-
fez-les digérer du moins vingt-
quatre heures; cette eau fe tein-
dra, & aura tiré la teinture de
l'Emeril; verfez cette eau par inclination, & remettez d'autre eau
régale fur le même Emeril, comme vous avez déja fait: recommencez cette manœuvre, jufqu'à ce
que vous ayez tiré toute la teinture dudit Emeril, enfuite diftil-
lez toutes ces eaux, jufqu'à confiftance d'huile,

Prenez une once de cette huile,
& la verfez fur quatre onces de
Mercure cru, ledit Mercure fe précipitera au moment; prenez de
cette poudre avec du fablon d'E-

tampe, & fondez-les ensemble ; vous en ferez un verre tres-rouge, si vous avez bien fait votre opération.

Nombre de fois j'ay remarqué, que la plus grande partie des beaux verres rouges, que ces fameux Anciens employoient dans les grands Ouvrages, n'étoient que superficiellement teints; mais j'en ay vû d'autres petits morceaux qui avoient été employez tres-délicatement, lesquels étoient pénétrez, & bien plus transparens que les autres: je ne dis pas ce que je viens de dire sans raison; mais je crois donner à méditer aux Sçavans de notre tems sur le sujet des émaux.

FIN

TABLE

DES PRINCIPALES MATIERES
Contenuës dans ce Livre.

Au Traité de Mignature.

Que la maniere de preparer les couleurs de la Mignature, est différente de celle de l'Email & de la maniere de les employer, P. 1

L'ordre & les noms des couleurs qui servent à la Mignature. 2

La maniere de broyer les couleurs, 3

La préparation du blanc de plomb. 4

Que les couleurs en poudre ne doivent point être broyées sur la pierre. 8

Comment on doit détremper les couleurs, & les mettre dans les coquilles. 8

Les couleurs qu'il faut moins gommer. 11

La maniere de préparer les cartons, & le Vestim sur lesquels on doit peindre, 11

TABLE

Pour placer les couleurs sur la palette. 14

Du mêlange des couleurs. 15

La maniere de faire les teintes des carnations, des cheveux & des linges. 16

Pour deſſigner un Portrait. 17

Premier travail pour commencer à peindre. 18

Second travail. 19

Troiſiéme travail. 19

Quatriéme travail. 20

Cinquiéme travail. 20

Travail des cheveux. 21

Travail des habits. 21

Des fonds premier travail. 21

Second travail. 22

Troiſiéme travail. 23

Quatriéme & dernier travail. 24

Maximes generales. 25

Dans le Traité de l'Art du feu, ou de la Peinture en Email.

Prélude & le ſujet de l'Auteur, pour avoir entrepris cet Ouvrage. 29

Ce que c'eſt que les Emaux. 30

La maniere de fixer les métaux & mineraux, pour ſervir aux Emaux. 31

DES MATIERES.

Remarques pour tirer la Teinture des métaux. 32

Remarques sur le fer. 32

Comment les métaux parfaits se purgent pour nos Ouvrages. 33

Les expériences qui se peuvent faire sur l'Antimoine. 33

Que les Teintures des métaux demandent une préparation tres-parfaite. 33

Remarques des sels alcalis. 34

De la calcination du plomb. 35

La manière de laver & d'édulcorer les calcinations des métaux. 35

Qu'il n'est pas nécessaire de faire les Emaux blancs soy-même, puisqu'on les trouve tous faits chez les Marchands. 35

Calcination de l'Etain ou Jupiter. 36

Calcination des métaux pour se communiquer leur couleur l'un à l'autre. 38

Avertissement au sujet de l'Antimoine. 39

Le moyen de fixer les Marcassites. 41

Le sujet de l'Auteur, pour avoir traité tant d'opérations sur l'or & l'argent. 42

Methode pour examiner l'or & l'argent,

TABLE.

& pour en connoître la pureté.   43

Qu'il y a un ascendant des planettes sur les métaux, & des jours qu'on les doit manipuler.   49

L'ordre que doivent tenir les métaux, suivant que les Philosophes les attri- buënt aux planettes, & aux jours qu'ils doivent être travaillez.   50

Les raisons de l'Auteur pour donner tant d'opération sur l'or, pour en tirer la couleur de pourpre.   50

Premiere opération des pourpres.   51

Second pourpre.   53

Troisiéme pourpre.   54

Quatriéme pourpre.   56

Cinquiéme pourpre.   59

Sixiéme pourpre.   60

Septiéme pourpre.   61

Huitiéme pourpre.   62

Remarques essentielles de l'or qui a été allié avec le cuivre.   64

Intelligence pour ne rien perdre dans les édulcorations des dissolutions de l'or.   64

Que l'on ne se doit servir que de l'or purifié, pour faire les pourpres.   66

De

DES MATIERES.

De l'eau Régale. 67

Bleu d'argent, ou de ☽. 68

Autre Bleu d'argent. 73

Bleu d'Email d'azur, 75

Bleu d'outremer ou de lapis lazuly. 77

Que les pierres précieuses colorées tirent leurs teintures des metaux. 78

La maniere d'employer l'outremer sur l'Email. 79

Bleu de saffre, & ce que c'est, 81

Des verds. 83

Qu'il faut choisir des Emaux épais, ceux qui sont les plus chargez de couleur ou teinture. 83

Composition & façon du verd gay. 1. 84

Autre verd. 2. 85

Autre verd. 3. 85

Autre verd. 4. 86

Des jaunes. 86

Des couleurs de cheveux, ou des Emaux couleur caveline, & de quoy ils sont faits. 87

Raisonnement au sujet des terres vitriolées. 88

Des noirs durs, 91

Premier noir dur composé, & sa façon. 92

L

TABLE

Second noir dur composé, & sa façon. 93

Troisiéme noir dur composé, & sa façon. 94

Raisonnement au sujet des anciens Emailleurs de Limoges. 94

Que Raphaël d'Urbain a employé de sa
main des couleurs d'Email, & qu'il
ne les sçavoit pas faire. 95

Que ces habiles Maîtres de Limoges
ont eu tort d'avoir rendu leurs Ouvrages trop vulgaires, & la raison
pourquoy. 94

La maniere de faire le beau noir dur. 98

Couleur de bois, & comment elle se doit
faire. 100

Que ce n'est que par le moyen des sels
qu'on peut trouver une infinité de
différentes couleurs. 100

Belles qualitez des sels. 102

Que ce sont les sels qui rendent l'eau
bonne à boire. 105

Que l'eau commune porte un sel ou esprit visible avec elle. 106

Du sel Nitre. 108

Du Borax. 108

Des bois pourris, & le raisonnement à
ce sujet. 108

DES MATIERES.

Des fondans durs. 110

Ce que c'est que le saffre. 100

Fondant pour les pourpres. 111

Autre fondant dur. 112

Autre fondant pour les couleurs brunes. 113

Pourpre tanné dur, comment il se fait. 113

Couleur violette dure. 116

Des Emaux épais. 117

Composition pour des fonds. 117

Pourpre des Peintres sur verre. 118

Violet des Vitriers. 119

L'Auteur conseille aux Amateurs de l'Email, de commencer par peindre en Mignature suivant son Traité. 120

De l'Email blanc, & comment il le faut choisir. 121

De l'Email blanc à rehausser, & la maniere de le faire. 122

Que l'Amateur de l'Email ne doit point manger d'ail. 123

Remarques du sel géme. 124

Que les remarques de l'Auteur demandent de profonds raisonnemens. 124

TABLE

Autres remarques essentielles. 125

Second travail pour les couleurs tendres. 130.

Des Perigueurs tendres. 132

Description du coûteau pour délayer & ramasser les Emaux, tant sur les palettes que sur la pierre à les broyer. 133

Raisonnement au sujet du noir de cendre. 134

Autre Perigueur. 134

Des noirs de cendre bleüe. 135

Raisonnement au sujet des rouges tendres. 136

Des rouges tendres. 136

Regule de fer ou de Mars. 137

Rouge de cristaux, de vitriol de Mars ou de fer. 138

Rouge de pierre d'Angleterre. 138

Reflexions au sujet de la pluralité de ces rouges. 139

Autre rouge avec l'eau forte & le sel Armoniac. 139

Autre rouge de vitriol d'Hongrie. 140

Rouge de Mars par cristaux, & un raisonnement à son sujet. 140

DES MATIERES.

Que l'Auteur n'a eu en veuë que l'honneur dans son entreprise, au sujet de ses découvertes & de son travail d'Email. 145

Espece de bistre. 146

Violet tendre. 147

Rouge brun. 149

Couleur d'indicot. 149

Des fondans tendres. 150

Premier fondant tendre. 150

Second fondant tendre. 152

Troisième fondant tendre. 152

Quatriéme fondant tendre. 153

Des utensiles nécessaires. 153

Du fourneau. 153

Des mouffles, & comment on les doit couvrir de feu dans le fourneau. 155

La fabrique de mouffles, & des creusets plats. 156

Du choix du charbon. 160

Le soufflet. 161

Des molettes ou pincettes. 162

De l'enclumeau. 162

De la plaque d'or. 163

De la plaque de tolle de fer. 163

Des cizeaux. 164

TABLE

Avertissement pour l'Orféure qui monte les plaques d'or pour émailler des-sus. 165

Des feux, & qu'il ne les faut pas épargner. 165

La façon de faire les feux, & de placer la mouffle dans le fourneau. 166

Pour faire revenir les Emaux durs. 168

Que l'ordre du feu pour les Emaux tendre, doit être de même que celuy des durs, mais pas si grand. 171

La maniere de préparer le cuivre pour émailler dessus. 172

Raisonnement à ce sujet. 172

Des utensiles. 175

Du mortier d'agathe. 175

De la pierre d'agathe à broyer les Emaux. 176

Des éguilles. 177

De l'éguille de buis. 178

Des bruxelles. 179

Du coûteau, comment il doit être. 179

Du compas. 180

Du diamant. 180

Du chevalet. 181

Des pinceaux. 182

DES. MATIERES.

Des boëtes aux couleurs. 183

Que ces boëtes doivent avoir des écri-
teaux. 183

Reflexion au sujet de tout ce qui a été
dit jusqu'à present. 184

Qu'on ne doit point exiger de l'Auteur
les minuties qui ne se peuvent pas
exprimer. 185

L'Auteur n'a écrit ce Traité que pour
des personnes d'esprit formé, & non
pour des enfans. 186

Les bons conseils de l'Auteur à ceux qui
veulent embrasser cet état. 186

La maniere d'émailler les plaques. 187

Du chevalet à émailler, & sa description. 190

L'ordre que l'on doit garder pour mettre
la premiere couche d'Email blanc sur
la plaque que l'on émaille. 191

De la seconde couche. 193

De la troisiéme couche pour remplir les
petits creux. 194

La maniere de polir ces plaques. 195

Reflexion de l'Auteur au sujet du grand
travail qu'il vient d'enseigner. 197

Que l'on doit émailler plusieurs plaques

TABLE

en même tems, & de differentes grandeurs. 198

Qu'il faut émailler des petites pieces de cuivre pour faire des essais. 198

La maniere de faire l'eau seconde, & à quoy elle sert. 199

Comment il faut embouttir les plaques de cuivre avant que de les émailler. 200

Qu'on doit sçavoir toutes les petites minuties que l'Auteur enseigne, pour ne se point trouver embarassé en travaillant. 200

Instruction pour remedier aux inconveniens qui surviennent au poliment de l'Ouvrage en travaillant. 201

Qu'on doit purger entierement les plaques des petits œillets qui y surviennent en les émaillant, & la maniere. 201

Comment on doit ôter de dessus l'Ouvrage les petites étincelles de fer, ou de charbon qui se peuvent trouver dessus. 202

Qu'il n'y a rien d'inutile dans tous les enseignemens de l'Auteur. 203

Souhait de l'Auteur, d'avoir la connoissance que quelqu'un ait reüssi par le
moyen de son Traité. 204
Qu'à mesure que l'on travaille, on découvre de nouvelles inventions qui
facilitent l'Ouvrage. 204
Qu'en travaillant, on doit écrire tout
ce qu'on remarque de bon ou de mauvais. 204
Qu'on doit écrire exactement les doses
des fondans, tant des couleurs tendres que des dures. 205
La maniere de faire revenir & sécher
les couleurs d'Email broyées. 206
Des palettes. 208
Compositions des teintes d'Emaux
durs. 209
Qu'on ne peut donner de notions certaines de ces teintes, puisqu'elles se
font suivant le goût de chaque Peintre. 212
Que les teintes d'Email se rangent sur
la palette, à peu près comme celles
de la Mignature. 213
Que le Traité de Mignature de l'Auteur, est fait expressément dans l'es-

TABLE

prit du travail d'Email. 213

La maniere de connoître, si toutes les teintes parfondent également. 213

Du travail des rouges de Mars, des noirs & des perigueurs, après avoir fait l'ébauche des Emaux durs. 214

Que plus l'ébauche sera forte, plus l'Ouvrage sera beau & facile à finir. 214

Que l'Ouvrage ne doit aller que trois fois au feu à son ébauche. 215

Du travail des rouges de Mars, des noirs de cendres & des perigueurs. 214

Qu'il faut faire des épreuves de toutes ces couleurs. 215

Que les couleurs tendres, ne se gouvernent pas comme les Emaux durs. 216

Qu'il n'y doit avoir que le rouge de Mars, & le noir de cendre qui servent à finir les carnations. 217

Qu'il a été impossible à l'Auteur, de dire toutes les petites circonstances de son Art. 218

Préparation des huiles d'aspic, & ce que c'est. 219

Que l'on doit broyer les Emaux avec l'huile d'aspic comme elle est, sortant de chez le Marchand. 219

Qu'il faut engraisser l'huile d'aspic, pour en travailler, & comment cela se fait. 220

Pour décrasser l'huile d'aspic. 221

Pour faire l'huile d'aspic. 222

Pour faire l'huile de mastix. 223

Autre huile de mastix. 224

Traité des Emaux flinquez. 225

Qu'il faut employer de l'or tres-fin pour les Emaux flinquez. 226

Que des Emaux clairs, il y en a de plus durs les uns que les autres. 226

Que les rouges d'Emaux clairs, ne sont rouges que par accident. 227

De quoy ces rouges se font. 227

Que l'Auteur n'a écrit de ces Emaux, que pour les aprentifs. 228

Traité de Peinture sur verre. 228

Que les Etats doivent cultiver des génies propres pour ces Arts. 229

Que dans les Arts, le plus difficile est d'inventer. 230

Que François I. s'est particulierement attaché aux Emaux, & à la Peinture sur verre. 230

TABLE DES MATIERES.

Que les habiles Peintres Emaileurs, & ceux qui peignoient sur le verre, se réservoient leurs plus beaux secrets. 231

L'Auteur croit que les belles couleurs sur verre ne sont pas perduës. 233

Il donne les moyens d'y parvenir. 233

Que ces belles couleurs ne se peuvent pas donner à vil prix. 234

Qu'il y a des beaux verres rouges, où la couleur pénétre dedans, & d'autres où elle n'est que superficielle. 236

L'Auteur donne à méditer aux Sçavans sur ce sujet. 236

FIN.

ERRATA.

Page 51. ligne 8, *Premiere operation des Poupres*, lisez, *des Pourpres.*

Page 171. ligne 21, *prête*, lisez *preste.*

Page 184. ligne 7. *cher Ariste*, lisez *cher Artiste.*